电子商务创业实训系列教材

2020年广东省第一批高水平专业群
"电子商务专业群"（GSPZYQ2020133）成果
2016年广东省教育厅教学改革项目（GDJG2015202）成果

新媒体内容营销实务

主　编 ◎ 梅　琪　　王　刚　　黄旭强
副主编 ◎ 柯　戈　　杨向艳　　马文娟
参　编 ◎ 杜作阳　　丁贝贝　　符　甜　　李海霞
　　　　　朱燕妮　　张奕琴　　廖松书　　杜宗祥
主　审 ◎ 陈道志

清华大学出版社
北京

内 容 简 介

本书包括三大部分9个项目：第一部分资讯平台篇，以今日头条为例；第二部分社交平台篇，以微信和微博为例；第三部分内容电商平台篇，以微淘和小红书为例。每一部分都是从账号设置的角度，每个项目大致借助账号注册、账号定位、标题撰写、内容规划、内容撰写、账号运营、粉丝运营和长期运营策略等内容，完成各任务点的要求即可。

每个项目都有思维导图、情景案例、详细的操作步骤、相关知识、经验总结，以及配套的练习，帮助学习者更加快速、有效地进行技能训练，增加实战经验，从而提升新媒体内容营销的创作能力。

本书封面贴有清华大学出版社防伪标签，无标签者不得销售。

版权所有，侵权必究。举报：010-62782989，beiqinquan@tup.tsinghua.edu.cn。

图书在版编目(CIP)数据

新媒体内容营销实务 / 梅琪等主编. —北京：清华大学出版社，2021.1
电子商务创业实训系列教材
ISBN 978-7-302-57301-2

Ⅰ.①新… Ⅱ.①梅… Ⅲ.①网络营销—教材 Ⅳ.① F713.365.2

中国版本图书馆 CIP 数据核字 (2021) 第 005916 号

责任编辑：徐永杰
封面设计：李伯骥
版式设计：方加青
责任校对：宋玉莲
责任印制：杨 艳

出版发行：清华大学出版社
　　　　　网　　址：http://www.tup.com.cn，http://www.wqbook.com
　　　　　地　　址：北京清华大学学研大厦A座　　邮　编：100084
　　　　　社 总 机：010-62770175　　　　　　　　邮　购：010-62786544
　　　　　投稿与读者服务：010-62776969，c-service@tup.tsinghua.edu.cn
　　　　　质 量 反 馈：010-62772015，zhiliang@tup.tsinghua.edu.cn
印 刷 者：北京富博印刷有限公司
装 订 者：北京市密云县京文制本装订厂
经　　销：全国新华书店
开　　本：185mm×260mm　　印　张：17.5　　字　数：399 千字
版　　次：2021 年 2 月第 1 版　　印　次：2021 年 2 月第 1 次印刷
定　　价：49.80 元

产品编号：088036-01

电子商务创业实训系列教材编审委员会

（以姓名汉语拼音排序）

主　任

邓晓瑾	广州幸福家科技有限公司	许德彪	深圳市盛世明德教育管理有限公司
刘海宏	广州南洋理工职业学院	郑江敏	广州达智教育管理有限公司
王　刚	广东外语外贸大学		

副 主 任

卜质琼	广东技术师范大学	罗　慧	深圳信息职业技术学院
陈洁玲	广州科技贸易职业学院	马文娟	广州南洋理工职业学院
何　莎	北京理工大学珠海学院	梅　琪	广州南洋理工职业学院
黄旭强	广州南洋理工职业学院	王元宝	广州番禺职业技术学院
黄玉淑	南宁职业技术学院	王　真	广东岭南职业技术学院
柯　戈	广东生态工程职业学院	伍岂莹	广州番禺职业技术学院
林亮景	广东科学技术职业学院	尹冬梅	广东生态工程职业学院
刘　鲲	广州番禺职业技术学院		

委　员

蔡　静	北海市中等职业技术学校	黄柏材	广西工业职业技术学院
曹振华	河南省理工学校	黄丹丹	广西理工职业技术学院
陈碧媛	惠州市成功职业技术学校	李　艳	广东科贸职业学院
陈　玫	广西玉林农业学校	李砚涵	广州大学松田学院
陈艳莹	武宣县职业教育中心	李云昌	广州松田职业学院
陈周晨	广西现代职业技术学院	廖松书	广西工商技师学院
冯永强	广西理工职业技术学院	廖　晓	北海职业学院

林亮景	广东科学技术职业学院	王春桃	佛山市顺德区胡宝星职业技术学校
林素真	广东科贸职业学院	王春香	江苏信息职业技术学院
凌雪莹	广西电力职业技术学院	王光琴	广州商学院
龙　芳	广西工商技师学院	王振国	中山市中等专业学校
龙艳华	梧州市藤县中等专业学校	韦　晓	广西经济职业学院
卢　伟	广州松田职业学院	卫　苗	济源职业技术学院
蒙中中	桂平市第一中等职业技术学校	杨静锦	广西工商技师学院
莫土兰	广西机电工业学校	余　球	柳州职业技术学院
莫远路	广西钦州商贸学校	张春燕	百色职业学院
潘洁仪	广州华南商贸职业学院	张锋辉	惠州市通用职业技术学校
潘锦文	广东财经大学华商学院	张　瑾	广州市增城区职业技术学校
彭　韬	广东南华工商职业学院	赵娟娟	广西华侨学校
秦桂平	广东科贸职业学院	赵珊珊	靖西市职业技术学校
覃海宁	广西经贸职业技术学院	郑建芸	广东建设职业技术学院
邱星铭	广西生态工程职业技术学院	朱小敏	惠州市成功职业技术学校
汤秋婷	广州华南商贸职业学院	朱友发	广州松田职业学院

前　言

随着新媒体平台的发展，用户在移动端最习惯的三个行为变成看新闻、刷朋友圈/微信、看短视频，越来越多的用户利用碎片化的时间通过内容发现新鲜事物、发现好物和优质商品，品牌主或企业越来越意识到内容营销对消费者心智培养的重要作用。

在整体内容消费的分类中，新闻资讯是最大的类别，年长用户倾向于新闻客户端（APP），年轻用户倾向于通过社交平台获取内容；在新闻用户中，男性偏好科技、军事、财经、体育、汽车、理财致富等新闻资讯，女性偏好生活常识、娱乐、健康、教育等资讯。媒体传播渠道和用户终端逐渐迁移，品牌方或企业宣传渠道亦会随之改变。

新媒体内容营销分为三大部分：资讯平台篇、社交平台篇和内容电商平台篇。资讯平台篇以今日头条为例，包含头条号的定位与布局、内容的定位与规划、粉丝的获取与运营、长图文的内容创作、长图文的标题撰写等内容；社交平台篇以微信和微博为例，包含账号的定位、规划撰写、吸引粉丝、运营策略等内容；内容电商平台篇以微淘和小红书为例，包含目标人群定位、内容创作与规划、粉丝运营等内容。每一部分内容选取的都是该类新媒体最具代表性的平台，用户可以从零基础开始，按照各任务点逐步操作即可，很多平台的运营模式有相似和相通之处，可以做到举一反三、融会贯通。

本书的编写参阅了最新的行业报告及国内外学者的文献资料，汲取了大量的专业书籍和文献中的思路和方法，同时也参考了茉莉传媒、脚印传媒、红象文化等企业的行业经验，在此对这些专家、学者、企业表达深深的谢意。本书在编写的过程中，得到了广州南洋理工职业学院、广州松田职业学院茉莉学院和红象产业学院、广东外语外贸大学以及洛阳科技职业学院的领导和老师们的大力支持，在此一并表示感谢！

本书主要面向应用型本科和高职高专院校的学生，以及需要通过实践训练提升新媒体内容运营能力的从业者，也可以作为电商创业者的参考用书。

"变化"是互联网发展的常态，新媒体内容的理论和实践方法也在不断地迭代更新，从编写到出书，吾等虽已尽力呈现，但书中仍难免有不足之处，恳请各位专家和广大读者批评指正。

编者

目　录

第一部分　资讯平台篇

项目 1　初识资讯内容平台 ·· 2
　　任务 1-1　调研资讯内容平台现状 ·· 4
　　任务 1-2　探析资讯内容平台算法 ······································· 19

项目 2　运营资讯内容平台账号 ··· 28
　　任务 2-1　头条号的定位与布局 ··· 30
　　任务 2-2　内容的定位与规划 ·· 39
　　任务 2-3　粉丝的获取与运营 ·· 47

项目 3　营销图文创作 ··· 54
　　任务 3-1　长图文内容创作 ··· 56
　　任务 3-2　长图文标题撰写 ··· 63

第二部分　社交平台篇

项目 4　社交平台解读 ··· 72
　　任务 4-1　调研社交平台现状 ·· 73
　　任务 4-2　探析社交平台的营销功能 ····································· 79

项目 5　微信公众号图文创作与运营 ·· 89
　　任务 5-1　定位微信公众号 ··· 91
　　任务 5-2　建设微信公众号的基础框架 ··································· 97

任务 5-3 规划与撰写微信公众号的内容 ⋯⋯⋯⋯⋯⋯⋯⋯⋯⋯⋯⋯⋯⋯⋯⋯ 114

任务 5-4 推广微信公众号 ⋯⋯⋯⋯⋯⋯⋯⋯⋯⋯⋯⋯⋯⋯⋯⋯⋯⋯⋯⋯⋯⋯ 131

项目 6 新浪微博图文创作与运营 ⋯⋯⋯⋯⋯⋯⋯⋯⋯⋯⋯⋯⋯⋯⋯⋯⋯⋯⋯⋯⋯⋯ 139

任务 6-1 定位微博账号 ⋯⋯⋯⋯⋯⋯⋯⋯⋯⋯⋯⋯⋯⋯⋯⋯⋯⋯⋯⋯⋯⋯⋯⋯ 140

任务 6-2 撰写微博内容 ⋯⋯⋯⋯⋯⋯⋯⋯⋯⋯⋯⋯⋯⋯⋯⋯⋯⋯⋯⋯⋯⋯⋯⋯ 145

任务 6-3 策划微博活动 ⋯⋯⋯⋯⋯⋯⋯⋯⋯⋯⋯⋯⋯⋯⋯⋯⋯⋯⋯⋯⋯⋯⋯⋯ 154

第三部分 内容电商平台篇

项目 7 内容电商平台的解读 ⋯⋯⋯⋯⋯⋯⋯⋯⋯⋯⋯⋯⋯⋯⋯⋯⋯⋯⋯⋯⋯⋯⋯⋯⋯ 160

任务 7-1 解读阿里系内容电商平台 ⋯⋯⋯⋯⋯⋯⋯⋯⋯⋯⋯⋯⋯⋯⋯⋯⋯ 162

任务 7-2 解析传统电商平台内容频道功能 ⋯⋯⋯⋯⋯⋯⋯⋯⋯⋯⋯⋯⋯ 169

任务 7-3 调研新型内容电商平台 ⋯⋯⋯⋯⋯⋯⋯⋯⋯⋯⋯⋯⋯⋯⋯⋯⋯⋯ 175

项目 8 传统内容电商平台运营 ⋯⋯⋯⋯⋯⋯⋯⋯⋯⋯⋯⋯⋯⋯⋯⋯⋯⋯⋯⋯⋯⋯⋯ 184

任务 8-1 定位目标人群 ⋯⋯⋯⋯⋯⋯⋯⋯⋯⋯⋯⋯⋯⋯⋯⋯⋯⋯⋯⋯⋯⋯⋯ 186

任务 8-2 规划与布局内容 ⋯⋯⋯⋯⋯⋯⋯⋯⋯⋯⋯⋯⋯⋯⋯⋯⋯⋯⋯⋯⋯⋯ 192

任务 8-3 解读内容推荐机制 ⋯⋯⋯⋯⋯⋯⋯⋯⋯⋯⋯⋯⋯⋯⋯⋯⋯⋯⋯⋯⋯ 197

任务 8-4 创作微淘内容 ⋯⋯⋯⋯⋯⋯⋯⋯⋯⋯⋯⋯⋯⋯⋯⋯⋯⋯⋯⋯⋯⋯⋯ 205

任务 8-5 获取与运营粉丝 ⋯⋯⋯⋯⋯⋯⋯⋯⋯⋯⋯⋯⋯⋯⋯⋯⋯⋯⋯⋯⋯⋯ 211

项目 9 新型内容电商平台账号运营 ⋯⋯⋯⋯⋯⋯⋯⋯⋯⋯⋯⋯⋯⋯⋯⋯⋯⋯⋯⋯⋯ 218

任务 9-1 入驻平台 ⋯⋯⋯⋯⋯⋯⋯⋯⋯⋯⋯⋯⋯⋯⋯⋯⋯⋯⋯⋯⋯⋯⋯⋯⋯⋯ 220

任务 9-2 定位账号 ⋯⋯⋯⋯⋯⋯⋯⋯⋯⋯⋯⋯⋯⋯⋯⋯⋯⋯⋯⋯⋯⋯⋯⋯⋯⋯ 230

任务 9-3 撰写标题 ⋯⋯⋯⋯⋯⋯⋯⋯⋯⋯⋯⋯⋯⋯⋯⋯⋯⋯⋯⋯⋯⋯⋯⋯⋯⋯ 242

任务 9-4 撰写正文 ⋯⋯⋯⋯⋯⋯⋯⋯⋯⋯⋯⋯⋯⋯⋯⋯⋯⋯⋯⋯⋯⋯⋯⋯⋯⋯ 253

任务 9-5 吸引粉丝 ⋯⋯⋯⋯⋯⋯⋯⋯⋯⋯⋯⋯⋯⋯⋯⋯⋯⋯⋯⋯⋯⋯⋯⋯⋯⋯ 260

参考文献 ⋯⋯⋯⋯⋯⋯⋯⋯⋯⋯⋯⋯⋯⋯⋯⋯⋯⋯⋯⋯⋯⋯⋯⋯⋯⋯⋯⋯⋯⋯⋯⋯⋯⋯⋯ 269

项目 1
初识资讯内容平台

随着互联网的高速发展和用户消费需求的不断升级，新媒体平台逐渐细分为4类，有资讯平台、社交电商平台、视频平台和音频电台。小平台的不断出现源于垂直细分，在资本和巨头扶持的基础上，专注垂直细分领域的小平台获得了新的发展机会。本项目以综合资讯平台今日头条为例，认识这类内容平台的现状和算法。

项目提要

重点分析今日头条、百家号这两个资讯平台的现状，重点讲解账号注册和算法机制。同时，分析其他资讯平台，如企鹅媒体、UC头条、一点资讯、凤凰号、搜狐号以及垂直类资讯门户（如汽车之窗、搜房网等）的现状和算法。总结账号的注册规律和各资讯平台的运营规律，通过账号持续产出高质量的内容，实现商业变现或企业品牌宣传的目的。

项目思维导图

```
初识资讯内容平台
├── 调研资讯内容平台现状
│   ├── 今日头条平台概述
│   ├── 百家号平台概述
│   └── 其他新媒体平台概述
└── 探析资讯内容平台算法
    ├── 今日头条平台算法
    ├── 百家号平台算法
    └── 其他资讯平台的运营对比
```

小王是一名电商专业的大二学生，除了学习专业课，课余时间不知道要做些什么。某天，他无意间看到今日头条的一篇分享文章，作者也是一名大二的在校生，课余时间从学校图书馆借阅历史书籍，在今日头条平台注册了一个定位为古代悬疑类的账号，推荐量和阅读量都很高，并晒出了账号收益，如图1-1所示，小王深受启发。

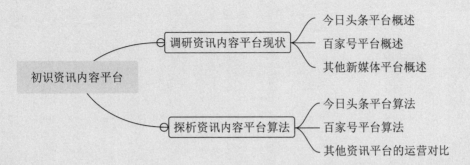

图 1-1

小王通过该账号名查询，发现这位作者在百家号、搜狐号、网易号等平台上都有发文，有些内容是重复发布的，百家号发文也是有收益的，如图1-2所示。小王开始思考，我是不是也可以这样做？

日期	百度广告	补贴	内容电商	总收益
2019-07-30	37.4	0	0	37.4
2019-07-29	34.36	0	0	34.36
2019-07-28	10.18	0	0	10.18
2019-07-27	10.04	0	0	10.04
2019-07-26	10.66	0	0	10.66
2019-07-25	5.2	0	0	5.2
2019-07-24	9.41	0	0	9.41

图 1-2

6学时。

任务 1-1　调研资讯内容平台现状

有些人会根据自己的喜好在手机上安装今日头条、今日头条急速版、百家号、搜狐、网易等应用，它们有什么不一样？有些人通过手机发图文、视频，有些人则只会看图文、视频。都有哪些人在看这些平台？要是由我来写，写什么样的内容适合？带着这些疑问，让我们一起逐个认识今日头条、百家号、企鹅号、UC 订阅号等内容平台。

知识目标：

1. 了解今日头条平台的现状。

2. 了解百家号平台的现状。

3. 了解企鹅号、UC 订阅号等平台的现状。

技能目标:

1. 学会注册今日头条账号。

2. 学会注册百家号账号。

3. 学会注册企鹅号、UC 订阅号等资讯平台账号。

思政目标:

1. 培养正确的价值观,符合平台的价值观。

2. 做到知行合一,理论和实践紧密结合。

4 学时。

一、注册今日头条

步骤1 在计算机上打开网址（https://mp.toutiao.com）,单击"登录"按钮,如图 1-3 所示。

图 1-3

步骤2 进入登录界面,如图 1-4 所示。可通过手机号、QQ、微信和邮箱这 4 种方式注册，尽量选择手机号注册。

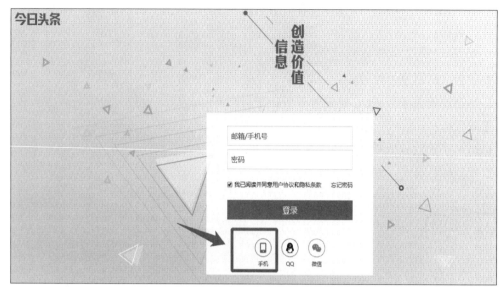

图　1-4

步骤3 输入手机号，并输入收到的验证码，如图 1-5 所示。

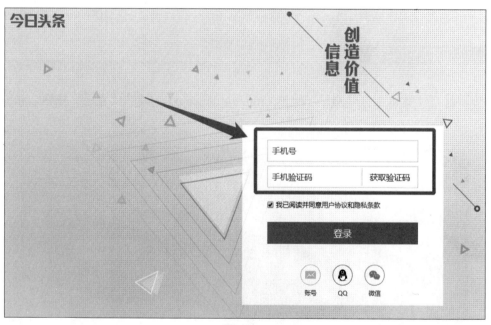

图　1-5

步骤4 登录后，选择"个人"，如图 1-6 所示。

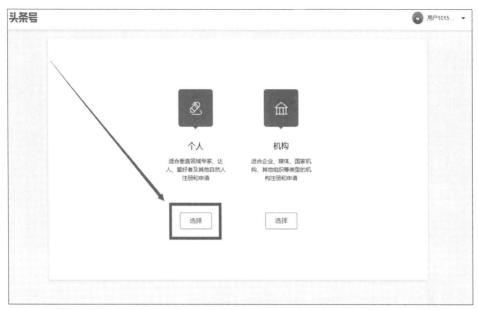

图 1-6

步骤5 进入详情页面，账号名称、账号介绍、账号头像是必填项，创作能力证明是选填项，勾选"请同意《头条号用户协议》和《头条号隐私政策》"，如图1-7所示。"创作能力证明"功能是今日头条号平台2019年新增的功能，作者通过提交在第三方平台发布的内容，可帮助今日头条号平台迅速判断个人创作能力，从而优先获得原创、双标题、优化助手、加V认证等高级功能，以及多种签约计划的扶持。

图 1-7

步骤6 提交后，显示申请成功，如图1-8所示。

图　1-8

步骤7 页面跳转到如图1-9所示的界面，这个就是今日头条号管理后台。PC端的操作到此为止，接下来要在手机端进行实名认证。由于互联网监管的需要，在今日头条号上发布的文章都是需要实名认证的。建议注册后马上进行实名认证。

图　1-9

步骤8 手机端打开今日头条APP（请勿选择极速版），登录账号，之前的用户号会自动跳转为今日头条号，如图1-10所示。如果看到"作品管理"图标，则表明注册今日头条号成功，可以继续点击头像进入实名认证。如果没有自动跳转，多刷新几次，或者退出重新登录。

步骤9 点击图1-10右上角的头像，进入认证页面，选择"作者认证"，此时请勿错选"身份认证"和"兴趣认证"，如图1-11所示。

图 1-10　　　　　　　　　　　图 1-11

步骤 10 在"作者认证"页面提交身份证的正反面照片，进行脸部识别，完成实名认证，如图 1-12 所示。

在进行实名认证时可能会遇到以下问题。

问题 1：一个身份证可以实名认证几个账号？

回答 1：一个身份证只能实名认证一个账号。

问题 2：如果未满 18 岁，可以进行实名认证吗？

回答 2：未满 18 岁是无法进行实名认证的。

问题 3：我是聋哑人，无法完成实名认证环节，怎么办？

回答 3：请正常提交实名认证的视频，并在视频中展示残疾证，提交后到头条号后台问题咨询处反馈，进行人工审核处理。

问题 4：实名认证总是通不过怎么办？

回答 4：朗读数字时，要求周围的环境一定要安静无杂音、头部完整显示、普通话均匀朗读数字、拍摄 3～6s。如果还是不行，换一部手机尝试登录。

步骤 11 进入"实名认证"界面，如图 1-13 所示。说明账号申请步骤全部完成了，平台将于三个工作日内完成审核，审核结果会在手机端"消息通知"栏推送通知作者。

图 1-12

图 1-13

二、注册百家号

步骤1 在百度首页，找到社区服务中的"百家号"并点击，如图1-14所示。

图 1-14

步骤2 进入"注册"页面,如图 1-15 所示。

图　　1-15

步骤3 按要求填入相应的资料,点击"注册"按钮,如图 1-16 所示。

图　　1-16

步骤4 根据需求注册,可以是个人、媒体、政府、企业和其他组织这5种形式,如图 1-17 所示。

步骤5 填写资料。选择领域时一定要注意,领域确定后就不可以更改,关系到此账号今后的发文主题和垂直度,如图 1-18 所示。

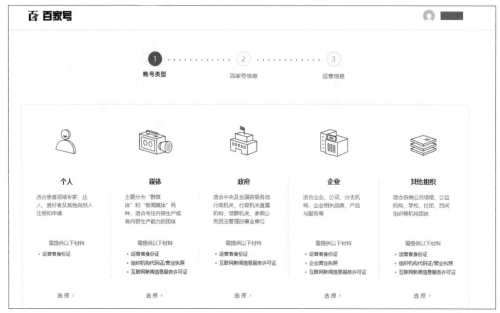

图 1-17

选好感兴趣的类目，然后运营账号。百家号目前需要指数不低于500、信用分为100分的新手账号可以申请转正。

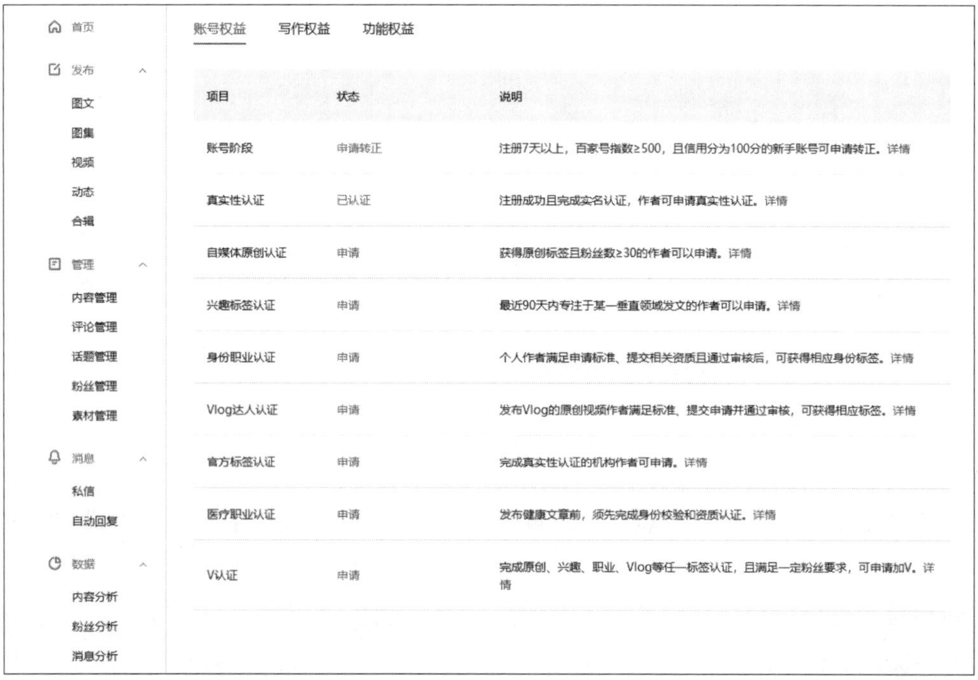

项目	状态	说明
账号阶段	申请转正	注册7天以上，百家号指数≥500，且信用分为100分的新手账号可申请转正。详情
真实性认证	已认证	注册成功且完成实名认证，作者可申请真实性认证。详情
自媒体原创认证	申请	获得原创标签且粉丝数≥30的作者可以申请。详情
兴趣标签认证	申请	最近90天内专注于某一垂直领域发文的作者可以申请。详情
身份职业认证	申请	个人作者满足申请标准、提交相关资质且通过审核后，可获得相应身份标签。详情
Vlog达人认证	申请	发布Vlog的原创视频作者满足标准、提交申请并通过审核，可获得相应标签。详情
官方标签认证	申请	完成真实性认证的机构作者可申请。详情
医疗职业认证	申请	发布健康文章前，须先完成身份校验和资质认证。详情
V认证	申请	完成原创、兴趣、职业、Vlog等任一标签认证，且满足一定粉丝要求，可申请加V。详情

图 1-18

步骤6 按照提示，逐步操作，注册成功后即可发文，如图1-19所示。

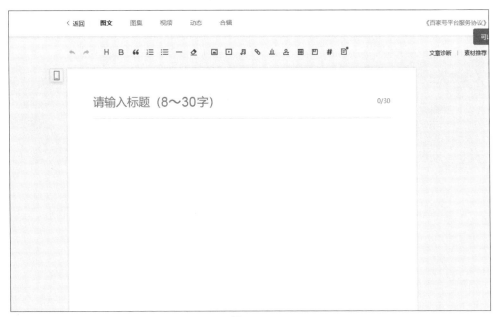

图 1-19

三、注册其他新媒体平台

想要成为以下各平台的作者，申请步骤和今日头条、百家号相似，不再一一赘述，部分常用资讯平台的注册链接如下。

（1）企鹅号：注册登录页面（https://om.qq.com/userAuth/index），如图 1-20 所示。

图 1-20

（2）UC 订阅号：注册登录页面（http://mp.uc.cn/index.html），如图 1-21 所示。

图 1-21

（3）网易号：注册登录页面（http://mp.163.com/to_reg.html#loginEmail），如图 1-22 所示。

图 1-22

（4）搜狐媒体号：注册登录页面（http://mp.sohu.com/mpfe/v3/Login），如图 1-23 所示。

图 1-23

（5）一点资讯号：注册登录页面（https://mp.yidianzixun.com），如图1-24所示。

图 1-24

一、今日头条平台概述

今日头条是北京字节跳动科技有限公司开发的一款基于数据挖掘的推荐引擎产品，为用户推荐信息、提供连接人与信息的服务产品。2012年8月发布第一个版本，其产品特色是基于个性化推荐引擎技术，根据每个用户的兴趣、位置等多个维度进行个性化推荐，推荐内容不仅包括狭义上的新闻，还包括音乐、电影、游戏和购物等资讯。

1. 6个维度特征强化智能分发能力

通过内容特征、用户特征、环境特征、热度特征、协同特征和相关性特征，鼓励原创内容与用户相遇。

2. 内容生态

80%的用户阅读资讯，其规模超6.5亿。小镇青年是移动互联网的潜力人群，"80后"和银发老人的阅读资讯时长增长更快。今日头条形成了较稳定的活跃人群，日活跃1.2亿人次，日活跃综合资讯稳居行业榜首。头条号超160万人次，优质垂直类创作者超10万人次，垂直类目超100类，体育、汽车日均阅读量超5 000万人次。今日头条号文章发布量超1.6亿，视频发布量超1.5亿，如图1-25所示。

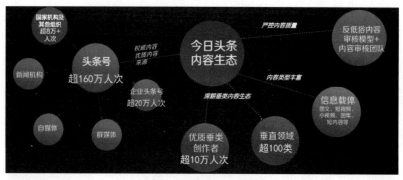

图 1-25

二、百家号平台概述

百家号是全球最大的中文搜索引擎百度为内容创作者提供的内容发布、内容变现和粉丝管理平台，如图1-26所示。百家号于2016年6月启动并正式并购，9月账号体系、分发策略升级、广告系统正式上线，9月28日正式对所有作者全面开放。2018年2月6日，百度百家号与新华社达成战略合作，双方联合推出"新华社超级频道"，并在百度平台全面分发新华社的新闻信息内容。

百家号支持内容创作者轻松发布文章、图片和视频作品，未来还将支持H5、VR、直播和动图等更多的内容形态。内容一经提交，将通过手机百度、百度搜索和百度浏览器等多种渠道进行分发。

图 1-26

三、其他新媒体平台概述

新媒体平台细分渠道有 4 类：①资讯平台，综合资讯用户平台有今日头条、网易、搜索和百家号等；垂直类资讯门户如汽车之窗、搜房等。②社交平台，通信工具有微信、QQ 和钉钉等；社交网络有微博和知乎等。③视频平台，综合视频有优酷、哔哩哔哩和搜狐视频等；短视频有抖音和快手等；视频直播平台有斗鱼和 YY 等。④音频平台，音乐有虾米和优酷等；电台有喜马拉雅、蜻蜓 FM 等。

从图文创作内容分发平台来看，主要有以下几种。

（1）企鹅媒体平台。下设天天快报、腾讯新闻客户端、QQ 浏览器、手机腾讯网和 QQ 公众号。

（2）UC 头条。下设 UC 浏览器、UC 头条和优酷土豆短视频。

（3）一点资讯、凤凰号。下设一点资讯凤凰网、手机凤凰网和凤凰新闻客户端。

（4）搜狐号。下设搜狐网、手机搜狐网和搜狐新闻客户端。

1. 今日头条注册经验分享

大多数作者在刚开始注册的时候，不知如何选？从运营今日头条的经历来看，应优选个人爱好的领域，如军事、历史、美食、美妆、娱乐、游戏或英语学习等领域。对学生来说，最好的素材来源就在校内图书馆，也可选择就近的市区图书馆，专注编写自己感兴趣领域的今日头条号。

特别提示，可以从吃、穿、住、用、行、学习这 6 个维度寻找创作灵感。如有的学生为了考英语四级，可注册与考试相关的账号，每天分享听力、阅读理解、完形填空和考纲单词等内容，既可以做账号又可以学英语，一举两得。

总结一句话：找到自己的兴趣点！

2. 百家号注册经验分享

百家号注册和今日头条的注册步骤相似，同样也是选择感兴趣的领域。百家号名可以和今日头条号名相同，根据平台的规则要求，可以实现"一稿多投"。

3. 其他平台注册经验分享

以上提供的是较常用的自媒体平台，随着平台升级或平台更新，我们一定要记住，某平台用户多就选择入驻该平台，在整个运营的过程中，只需熟悉该平台的规则和算法，遵守该平台的内容发布规则，根据各平台的要求做到"一稿多投"。

知识训练

1. 下列属于头条号新手运营权限的是（　　）。[单选]

   A. 开通原创功能　　　　　　　　B. 开通微信同步

   C. 日发布内容的上限为一篇　　　D. 开通头条广告

2. 以下关于免费推广的说法正确的是（　　）。[单选]

   A. 可以随便发布的内容，但是要有数量

   B. 免费对质量没有要求，主要还是数量

   C. 免推内容保质才是硬道理，有质才能有效果

   D. 免推不是为了做口碑，而是为了获取有效的信息

3. 你认为以下哪些工作不是新媒体文案的工作内容？（　　）。[单选]

   A. 新媒体渠道的文案写作

   B. 为一个海报撰写宣传主题

   C. 根据时事热点撰写品牌借势营销文案

   D. 以上都是

4. 以下属于新闻资讯类应用的是（　　）。[单选]

   A. 今日头条　　　B. 微信　　　C. 当当读书　　　D. 美团

5. 新媒体的发展趋势有哪些？

6. 简述新媒体的特征。

7. 新媒体营销的主流渠道有哪些？

技能训练

"调研资讯内容平台现状"技能训练表，见表1-1。

表　1-1

学生姓名		学　号		所属班级	
课程名称				实训地点	
实训项目名称	调研资讯内容平台现状			实训时间	
实训目的： 1. 熟练掌握今日头条的个人注册步骤。 2. 熟练掌握百家号的个人注册步骤。					
实训要求： 1. 用自己的手机号、微信或QQ号等相关信息注册个人今日头条账号。					

（续表）

2. 提供今日头条号并截图。 3. 提供百家号并截图。	
实训截图过程：	
实训体会与总结：	
成绩评定（百分制）	指导老师签名

二维码扫一扫，下载实训表格。

任务 1-2　探析资讯内容平台算法

小丽用自己的手机号分别在今日头条、百家号和 UC 等平台注册了美妆领域的账号，问题来了，要写什么样的文章、拍摄和剪辑什么样的视频，才能被这些平台推荐？如何获得这些平台的高推荐量？系统怎么识别文章是优质的？平台把文章都推给哪些人看了？

知识目标：

1. 了解今日头条平台的算法。
2. 了解百家号平台的算法。
3. 了解企业企鹅号、UC 订阅号等其他平台的算法。

技能目标：

1. 熟练发布今日头条图文。

2. 熟练发布百家号图文。

3. 熟练发布企鹅号、UC 订阅号等自媒体平台账号图文。

思政目标：

1. 树立正确的价值观，不违背各平台的规则。

2. 落实科学发展观，体现教学内容发展变化的动态性。

2 学时。

一、今日头条平台算法

在今日头条平台，发布一篇文章或视频，它的背后都经历了什么？算法是怎样的？

（一）内容审核

今日头条平台输出的所有内容都需要经过反谣言系统审核，经过 4 层内容质量关卡，全面优化平台内容质量，有效抵御谣言和低俗内容，打造权威信息传播平台。

1. 关卡 1

采用全球领先的人工智能技术，如 AI 反谣言、灵犬反低俗助手。

2. 关卡 2

有超 10 000 内容审核团队。通过以上两个步骤，新文章日均拦截 3 866 篇疑似谣言，旧的文章日均下架 3 364 篇确定为谣言，这个关卡是目前国内最大的内容审核团队，信息内容经过人工深度复核。

3. 关卡 3

有超 44 个国内外顶尖研究机构合作，成立技术战略委员会和由政府机关、新闻媒体和科研学界人士组成的专家团。

4. 关卡 4

7 天 ×24h 内容投诉反馈机制，组建"网络安全委员会"对举报做到"有报必复""有报必理"。

所有的内容都需要经过反谣言系统审核，用户参与、反谣言联盟、谣言研究和沉淀数据，有效抵御谣言和低俗内容。文章要符合平台的价值观，才能展示推送。

（二）智能分发

6个维度特征强化智能分发能力，让优质信息与用户相遇。

1. 内容特征

内容特征包括文本分析、图片分析和视频分析。文本分析在推荐系统中一个很重要的作用是用户兴趣建模，没有内容及文本标签，无法得到用户兴趣标签。例如，喜欢"美妆"的用户会被打上"美妆"标签，喜欢"护肤"的用户被打上"护肤"标签。

2. 用户特征

内容分析和用户标签是推荐系统的两大基石。每个人在注册和浏览网页时，都会有兴趣特征，如感兴趣的类别和主题、感兴趣的关键词、感兴趣的来源、基于兴趣的用户聚类、各种垂直兴趣特征（如车型、体育球队和感兴趣的股票）等。身份特征容易识别，从性别、年龄和常驻地点，通过注册和定位识别，还可以通过用户一天的行为特征识别，如晚上看视频、白天看图文等。

3. 环境特征

从地理位置、时间环境特征构建一些匹配特征。

4. 热度特征

热度特征包括全局热度、分类热度、主题热度和关键词热度等。内容热度信息在大的推荐系统，特别是在用户冷启动的时候非常有效。

5. 协同特征

部分程度上帮助解决算法越推越窄的问题。协同特征并非考虑用户已有历史，而是通过用户行为分析不同用户间的相似性，如点击相似、兴趣分类相似、主题相似、兴趣词相似甚至向量相似等，从而扩展模型的探索能力。

6. 相关性特征

就是评估内容的属性和与用户是否匹配。显性匹配包括关键词匹配、分类匹配、来源匹配和主题匹配等，也有一些隐形匹配。

（三）从创作者的角度解释内容分发过程

从内容创作者的角度看，一篇文章如何在今日头条被推荐？有人的文采和语言能力不错，但为什么没有被推荐？用心写的文章，文章的推荐量和阅读量反而可能会非常低，这就需要在创作的过程中懂得系统平台的算法。

1. 相似内容的消重

用标题和正文内容比对的相似度来判断是否是同一篇文章。相似文章如何判断？通常选择原创做推荐。原创是账号运营一段时间内有原创标签或者最早发布的文章来判断，主要利用发布时间、来源的权威性以及来源被引用的次数等特征作为判断要素，来确定是否是原创。

2. 相似标题和浏览图片的消重

针对那些文章内容不同，但在刷新列表页出现时，可能给读者造成重复感觉的文章。如果都是原创，都能获得推荐，只是会根据读者兴趣不同，只推荐读者可能最感兴趣的一篇。

3. 相似主题的消重

文章讲的都是同一件事，有可能报道的角度和描述方法不同。这些文章都是原创，都能获得推荐的机会，但对于读者来说，只被推荐其中的一篇。如何展示出来？创作质量最高的文章会因为热点效应，获得巨大的展现量。质量稍差的文章很可能就会被更好的文章所替代，推荐量就不高。

二、百家号平台算法

因为互联网的分割和封闭，微信、微博、淘宝等平台都不向百度开放，能从搜索引擎上找到的内容越来越少，百度才大力发展自己的内容体系即百家号。

（一）百家号如何选择文章关键词

1. 准

"准"指的是在发布文章的时候，一定要选准文章分类，如娱乐类文章一定不能放在"历史"类别中，准确的文章分类对于后续选取关键词至关重要，将直接影响被推荐的次数和效果。

2. 精

"精"指的是尽量选取最精确的关键词，最好是文章内出现的人物与事件，关键词越精确，阅读反馈越佳，将会有机会获得更多的推荐。

3. 多

"多"指的是关键词数量尽量选够，能多选就多选，这样才能最大化地获得推荐。如提示"未有相匹配的关键词"，请返回上一步重新点击"发布"，系统将对文章进行再次分析，重新列出关键词进行选择。

（二）百家号文章的审核机制

内容审核包括机器审核和人工审核两部分，机器审核为主，人工审核为辅。机器和人工会对文章进行过滤，根据文章的具体情况，决定是否推荐给用户。一般的审核时间在 2h 以内，最长不超过 24h。当内容不符合平台规范或者触犯法律法规时，文章将被驳回。

不发布违规内容是作者在百家号成长获益的前提。百家号平台服务协议中对违规内容发布有明确的说明，当提交审核的内容违规时，将被平台拒绝发布。发布的内容一定要符合平台规则，有利于共同维护公平、健康的内容环境。

（三）百家号平台如何分析文章质量

1. 点击率

文章的点击率越高，机器就越认为这篇文章质量高、可读性高。

2. 关键词分析

根据百家号的算法，对整体文章的关键词进行匹配分析，文章中要是有热点关键词，推荐量和次数也会相应增多。

3. 创意度

一篇有创意的文章，还带有鲜明特点的文章，是最容易被推荐的。

4. 不要做标题党

标题与文字内容匹配，不能通过夸张的标题吸引用户点击。

5. 原创度

文章中大部分的关键词在网络上有重复，被筛查出来后会显示原创度不高。

通过以上 5 个维度来判断文章是否为高品质的，只有高品质的文章才有机会形成爆文。

（四）百家号全网查重

1. 查重的含义

查重是指对重复、相似、相关的文章进行分类和比对，使其不会同时或重复出现在用户信息流中的过程。如果存在，平台会提示用户内容重复，若涉及侵权，原创作者可以发起申诉，以保障原创作者的权益。

2. 查重存在的原因

（1）防止用户在信息流中看到雷同的内容。两篇相似内容的文章，既浪费时间也会让人困惑，影响阅读体验。

（2）为了鼓励原创，鼓励更多、更丰富的内容进入平台，同时让更多的内容在平台上有曝光机会。正是因为有查重这一环节，用户才能看到更多、更丰富的内容，而不是雷同、重复的信息。

3. 如何查重

查重主要通过机器算法来完成。实际操作中，机器的算法很复杂，简单来说，机器会对内容中出现的信息进行标识，经过反复运算，最终得到一篇文章的信息指纹。

当信息指纹在系统中是唯一的时候，说明作者的这篇内容是唯一的，没有其他内容与之重复。这样的内容若符合内容审核规范（如无明显错字、敏感信息和黄反等），便会被推荐给读者。

（五）百家号的爆文机制

1. 素材库

在自媒体平台，写文章自然要找素材，并将这些素材整理为一个数据库，经过一段时间的创作后，就会体会出哪些素材容易出爆文、哪些素材不适合出现在文章中。

2. 不违规

自媒体只要借助第三方平台，都需要符合平台的规则、符合平台的价值观，否则违规就会被禁言或者被封号。

3. 配图要有吸引力

除了标题要吸引人之外，封面图或配图也非常重要，尽力做到用1s的时间吸引用户的点击。

4. 领域要垂直，要坚持发文

用户都是有标签的，发文的垂直度、频率和原创度，都会影响文章的推荐量。和今日头条的推荐机制相似，坚持垂直原创发文，权重自然会逐渐提升，虽然百家号的权重分数没有对外显示，但是内部应该有评分标准，会对每个账号进行打分推荐。

5. 百家号文章的话题性

文章带有话题性，用户点击后文章的跳出率越低阅读完的概率越大、评论的概率也越大，当有了评论互动后，系统会进一步加大推荐量，更加容易产生爆文。

6. 做一名合格的"标题党"

标题和内容是要匹配的，当用户被标题吸引后，发现内容不符，文章被阅读完的概率就很低，对账号的发展也不利。合格的"标题党"要适度，具体如何选取标题，会以"今日头条"为例在项目2中详细讲解。

三、其他资讯平台的运营对比

（一）各资讯平台的优缺点

1. 企鹅号

优点：流量大，文章可在腾讯新闻、天天快报等多平台同步，适合内容分发。

缺点：审核严格，有信用分制度，容易被扣分甚至封禁，而且收益较少。

2. 大鱼号

优点：新手期易过，补贴多，收益可观，优质账号可以获得较大额度的大鱼奖金，还可以对接阿里内部商家资源；内容可以在多平台分发，尤其是视频，可以在UC、优酷、土豆等平台同步，增加曝光率。

缺点：不容易获得原创，规则和任务较多，需要深耕内容，考验耐性；算法的智能性略有不足，很容易出现阅读不过百的情况；推荐算法不智能，签约独家合作较稳定。

3. 一点资讯

优点：问题反馈服务较好，作者遇到问题能获得及时的回复。

缺点：需要被邀请或有背书才能开通；收益开通时难度大，需要坚持更新两个月；流量较少，适合分发。

4. 搜狐号

优点：易入驻、流量大、百度权重高、限制少、可以引流，适合内容的分发和变现。

缺点：收益少。

5. 网易号

优点：以跟帖为主，容易产生爆文。

缺点：收益较少，内容审核严格，微信同步的文章很容易不通过，适合分发，不宜重投入；提现烦琐，需要绑定网易旗下某支付产品。

6. 新浪看点

优点：百度权重高，对于品牌推广有需求的，可以重点维护；主动帮助账号涨粉，不需要投入；限制少，可以引流。

缺点：开通后收益较少，新号需要保持至少一个月的内容更新。

（二）各资讯平台的运营对比

1. 账号方面

以上资讯平台内容审核时间均不超过 24h。

企鹅号的转正门槛低，新手期写满 5 篇文章立即自动转正，并且根据之前文章的"表现"分配一定的企鹅号指数。

百家号转正需要满足的条件比较多：①注册 7 天以上。②百家号指数 ≥ 500。③信用分达到 100 分。要完成第二个指标，前期可以多发文章来提升指数达到 500 分以上，前期需要连续日更，才能较快地通过新手期。

2. 内容审核方面

在文章符合平台规则的情况下，企鹅号的审核几乎是秒过的。

百家号的内容审核较认真，对配图也会认真审核。

3. 曝光渠道方面

百家号的来源有百度 APP（首页信息流推荐）、百度搜索、百度新闻、站外分享和个人主页等。

企鹅号的来源则是腾讯新闻、QQ 浏览器、QQ 看点、微信看一看和天天快报。

一、今日头条

总结：如何提高文章的推荐量？①标题和封面图吸引人。②内容翔实，匹配标题和图要传达的点。③图文并茂。④观点鲜明。

二、如何避免被消重？

只要是原创，都有可能获得展示的机会。转载的文章在消重机制以后，容易失去被推荐的机会。

三、如何运营多个自媒体？

每个平台都有自己的规则和要求，自媒体矩阵如何运营？做到"一稿多投"，就是把一个平台的内容同步到其他内容平台。这是很多自媒体小号最常用的引流策略，尤其是垂直领域的自媒体。用户不同，推荐机制算法不同等特点，导致不同主题和类型的内容在不同的平台均可能成为爆款。

知识训练

1. 下列属于提高百家号内容质量分值方式的是（　　）。[多选]
A. 观点积极，内容完整、有信息量，有一定的深度和广度
B. 发布原创内容，杜绝汇编、整理、摘抄
C. 提升内容的可读性，格式清晰、配图美观
D. 手动发布内容，并积极参加平台活动

2. 企业号指数是汇集了企鹅号作者在（　　）平台的表现，权衡得出的测评分数。[多选]
A. 企鹅媒体　　　　　　　　　B. 天天快报
C. 腾讯新闻　　　　　　　　　D. 腾讯视频

3. 下列属于今日头条评论管理权限的是（   ）。[多选]

A. 查看评论   B. 回复评论

C. 点赞评论   D. 举报评论

4. 网络传播立法要考虑的因素有哪些？

5. 如何做到各资讯平台的"一稿多投"，谈谈你的运营思路。

技能训练

"探析资讯内容平台算法"技能训练表，见表1-2。

表 1-2

学生姓名		学　号		所属班级	
课程名称			实训地点		
实训项目名称	探析资讯内容平台算法		实训时间		
实训目的： 熟练利用注册的内容平台账号发布文章。					
实训要求： 1. 发布一篇今日头条文章并截图。 2. 发布一篇百家号文章并截图。					
实训截图过程：					
实训体会与总结：					
成绩评定（百分制）			指导老师签名		

二维码扫一扫，下载实训表格。

项目 2 运营资讯内容平台账号

（以今日头条为例）

今日头条以"信息创作价值"为导向，是目前国内最大的内容智能分发平台。与公众号、微博、抖音和知乎等单一品类内容平台相比，它最大的特点是内容载体齐全，涵盖图文、问答、短视频和直播各领域。这给自媒体创作新人提供了更多的机会，选择更适合自己的内容创作载体。本项目以今日头条为例，自媒体从零基础开始走向内容创作之路，展示了从 0 到 1 的全过程。

项目提要

本项目以今日头条号（今日头条创作者账号）运营为例，从账号布局、内容定位和账号运营三个层面开展实战分析，选择最适合自己的创作领域，完成内容定位、快速获取粉丝与账号运营等实战任务，秉承"少走弯路"的原则，帮助自媒体新人建立有品牌、有人设、有内容，并具备精准人格属性的今日头条账号。

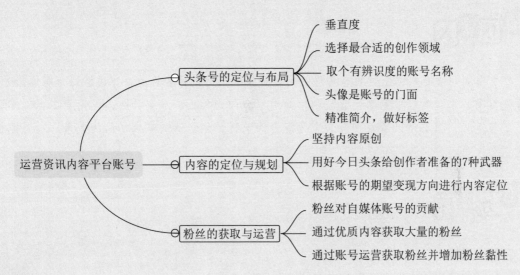

志海是一名大学生，注册今日头条号后风风火火地开始了内容创作。志海对动漫内容非常感兴趣，选择了以动漫内容作为创作素材，精心制作了几个作品，但效果远没有预期火爆，连续更新了几个作品，阅读量一直没有大的突破。

与同学交流后得知，同班某同学选择了热门的娱乐领域创作，最近两篇关于流量明星的文章都获得了上万的阅读量，志海似乎发现了自己的作品阅读量上不去的原因——领域不够热门。于是他开始尝试娱乐类文章，但由于自身对娱乐明星不感兴趣，写起来没有想象中容易，好不容易拼凑了几篇，阅读量也不太高，更难的是，由于平时很少关注娱乐信息，收集创作素材非常困难，创作难以持续下去。

恰逢国庆假期，志海蹭热点写了两篇国庆出游的文章，其中一篇竟获得了上万的阅读量，但假期是短暂的，志海觉得还是继续深耕动漫吧，好歹自己喜欢。意外的是，重回动漫领域创作，阅读量反而更低了，以前稳定有几百的阅读量，现在上百都困难。他彻底困惑了。

8学时。

任务 2-1　头条号的定位与布局

志海向运营自媒体账号颇有心得的柯老师请教。柯老师告诉他，想运营好自媒体账号，首先得了解平台的各项基本运营规则，知道平台鼓励什么、限制什么，无论是内容创作还是账号运营，都必须以遵循平台制定的规则为前提，才能达到事半功倍的效果。志海似乎找到了方向。

知识目标：
1. 了解自媒体内容创作内容垂直和账号定位的意义。
2. 了解今日头条平台的内容推荐机制。

技能目标：
1. 掌握选择创作领域的三项基本原则。
2. 完善各项基本信息，强化账号的定位属性。

思政目标：
1. 弘扬正能量，账号定位符合积极向上的价值观。
2. 坚持高频率内容更新，体现劳动品质。

2 学时。

步骤1 打开并登录今日头条APP，点击右下角"我的"页面左上角的"头像"，选择"我的认证"，如图 2-1 所示。

图 2-1

步骤2 点击"兴趣认证"的"去认证"按钮,进入"兴趣认证"界面,完成创作者申请的各项条件(身份校验、有清晰的头像、合法的用户名、绑定手机和发布过微头条内容),点击下方"申请创作者"按钮,即可进入创作领域选择界面,如图2-2所示。

图 2-2

步骤3 在众多的兴趣领域中,选择最适合自己的创作领域,申请该领域的兴趣认证,如图2-3所示。

图 2-3

步骤4 申请兴趣认证后即进入该领域创作者的考核期，领到30天内完成4个优质问答的任务，完成即可通过考核，正式成为该领域的创作者，如图2-4所示。如何高效完成优质问答？将在任务2-2中详细阐述。

图 2-4

一、垂直度

　　垂直度是自媒体账号的生命线。对自媒体创作者来说，能否吸引到粉丝，就看能否在某一领域保持内容的持续输出，这就是自媒体热词——垂直度。作品内容的垂直是指创作的内容最好始终保持在一个领域。为什么要这样？最重要的一个原因就是头条的推荐机制。

　　今日头条图文的阅读量是以头条系统的推荐量为基础的，要想获得高阅读量就必须先有高推荐量。今日头条图文发布后的 2～24h 是作品的冷启动阶段，头条推荐系统会自动提取文章中的关键词，推荐给系统认为最可能感兴趣的一批人。例如，一名美食创作者，发布了一篇跟吃有关的文章，系统经过判断可能会把文章推荐给看过美食相关内容或者是搜索过美食相关内容的用户群体，这就是今日头条推荐算法的基本原理。推荐量是怎么增加的？例如，一篇文章首次推荐给 100 个用户，如果这批用户的点击率较高，系统会判定用户非常喜欢这篇文章，就会把它扩大推荐给 1 000 个甚至 5 000 个用户，如果新一轮的用户点击率仍然维持在较高的水平，系统将再次推荐给更多的用户，作品的推荐量和阅读量就会像滚雪球一样节节攀升，直到文章过了 24h 的主要时效期，推荐量才会逐渐衰竭。

　　冷启动阶段，系统会优先推荐给 100 个最可能感兴趣的用户，这里面就包括了许多账号的粉丝。案例中的志海同学，经过一段时间关于动漫内容的创作，吸引到部分粉丝，系统也认定他创作的主要是动漫相关内容，所以他的作品在冷启动阶段会优先被推荐给爱好动漫的用户。即使他后来转去写娱乐内容，系统依然会将他的作品推荐给动漫爱好者，点击率肯定就不理想了。再后来，志海又发布了旅游相关的内容，系统就无法判断他的作品属性了。于是，系统索性就不再推荐给任何用户。可见，内容的不垂直是志海发布作品的阅读量越来越少的关键原因。

二、选择最合适的创作领域

　　如果是今日头条号的新手，创作前最重要的一点就是要明确账号定位。如何确定账号定位？可以先问自己一个问题：我是谁，我和普通人相比有什么优势？

　　领域选择极大地影响个人在今日头条的发展，所以每个人都应慎重选择一个适合自己的领域。选择领域需要考虑哪些因素呢？可以结合个人的职业背景、知识背景、自身经历和生活环境等内容，关注以下三个方面。

1. 结合专业背景

如果有特殊的专业背景和职业背景，或者有特殊的技能和手艺，又或者从事一些门槛较高，普通人不是很了解的行业，就可以利用信息不对等作出优势。例如，如果你是专业大厨，通过图文和视频每天跟读者分享大厨的菜谱，分享高超的刀工，分享特殊的食材获取途径，那就很有看点了，完全具备成为优质美食领域创作者的条件。

如果专业背景和职业背景都很普通，怎么办？今日头条平台鼓励创作专业性和稀缺性的内容，如果只是简单地介绍美食的做法并不能满足平台和读者的要求，许多创作者经常是寥寥几句话就把一道菜的做法介绍完毕，更别说要写出独特的观点和看法，这种作品容易给人枯燥无味的感觉，可替代性强，不易获得平台的推荐。

2. 结合兴趣

结合兴趣创作是最容易做到的。兴趣是最好的老师，面对感兴趣的事情，人们都愿意花更多的时间去了解和关注，因此也会有源源不断的创作思路。例如，有的创作者喜欢看电影，平时有看电影的习惯，在这样的情况下，哪怕不是为了写作，也会花费很多的精力在这上面，不需要再花时间去搜集这方面的写作素材。影评自然是最好的选择。这样既能满足爱好，又能为写作积累丰富的素材，一举两得。

经常有人说自己并无特别的爱好，怎么办？不妨先思考几个问题：平时你在什么事情上花费最多的时间？愿意出钱购买哪些方面的产品？什么东西能够极大地引起你的注意？每个人都会有一两样爱好，只是有些很明确，有些不太了解，更没有仔细去挖掘。只要找到你的兴趣点，在此基础上加以学习和发挥就可以变成你擅长的领域。

3. 结合受众

找到兴趣点之后，并不代表这个领域就是最佳选择，还需要考虑一个问题，这个领域属于冷门还是热门领域。如果是太小众的领域，后期只会增加吸粉和变现的难度。所以，最好还是在众多感兴趣的领域里选择受众比较多的领域，这样市场才更广阔，涨粉的速度更快。

除了以上三点，在选择领域时还要考虑能不能写出深度。

三、取个有辨识度的账号名称

结合创作领域，取个有辨识度的名称，以吸引粉丝的关注。有些时候，每天都在发内容，过了好几个月阅读量依然没有起色。不要只低头赶路，忘了抬头看天，明确定位是第一步，还要让用户一眼能够辨识出账号是哪个领域的，内容是什么类型的。

一个有辨识度的名称，可以向受众清晰地展示自己的账号定位，如"旅行者小多""美食家王刚""乡村小乔""毒舌影视""脑洞历史观""懂车侦探"等，让人一眼就能清晰地辨认出账号的领域定位，而反观"小小莎老师""祝晓涵""兔子牙"等，虽说都是平台上的知名领域创作者，若用户平时没有关注他们所在的领域，第一次见到还真不能马上辨识出这些账号的定位。怎么给自己的头条号取一个吸引力爆棚的名字呢？下面跟大家分享一些技巧，千万不要踩中以下这些坑。

1. 不要使用无实际意义的数字、没有辨识度的名字、难以辨识或记忆的符号和英文

在取名字时，注意选取比较有特色、朗朗上口的文字，千万不要用生僻字或者英文，否则用户很难记住，搜索的时候也很难。名称一旦确定，就不要轻易变更，名称相当于一个人的名片，如果经常换来换去，会给用户一种不靠谱的感觉。如果创建账号时发现昵称已被占用，最好不要图省事直接用系统推荐的数字做账号名，而是要自己再重新起一个，最好不要在昵称里使用数字，如图2-5所示。

图 2-5

2. 账号名与实际创作方向不符

例如，"单身奶爸的日常"，用户一看以为是育儿领域的创作者，因为"奶爸"带有极强的身份属性，但实际上该作者发的内容是娱乐新闻，这就是典型的账号名与创作方向错位，用户带着预期点进来看发现不是那么回事，失望的同时也会觉得作者内容不够垂直。

账号名称最好与账号领域结合起来，让大家一眼就知道这个账号是做什么的，有需求的朋友就会直接关注，如图2-6所示。

图 2-6

3. 不能踩的红线

头条号名称限2～10字，已有的名字不能再用。需要注意：

（1）名称中不能涉及国家领导人。

（2）名称中不能含有"今日""头条"等文字。

（3）不能使用没有具体含义的"字母＋数字"的组合，包括标点、特殊符号、火星文和空格等,这样做易被用户误解为某个已有账号,是不符合命名规范的,如"李佳琦1""李子柒a"等。因为头条号账号命名具有唯一性,加上符号或数字后,有假冒已有账号之嫌,可能会给读者带来误导,同时也影响页面排版的美观和客户端的阅读体验。

(4)没有准确描绘头条号的特点,涵盖范围过大,如直接使用地名等;直接使用行业或领域名,如房产、互联网金融等;单独使用通用名词、形容词、动词,如七月、咖啡、数据库、成长等。申请不予通过。

(5)不能使用第三方品牌名称,包括但不限于节目名称、知名影视作品和人物等。

(6)不能出现这种情况:以个人身份申请,账号名称易被用户误解为公司、团体、媒体,特别是时事新闻媒体,如第一时间、零距离、晚间新闻等,或者像政府机构,如平安中国等,或者像企业号这样的名称。

四、头像是账号的门面

头像是给用户的第一印象,不要随便用一张图做头像。

尽量不要使用无意义的风景照、大众熟知的照片,或者随手一拍的照片,这都会导致账号风格不够明显,难以给人留下深刻印象,如图2-7所示。

图 2-7

尽量使用真人照片或者个人漫画IP形象,争取第一时间吸引用户注意。选用真人头像做照片,尽量选择高清、美观、颜色饱和度高的照片,要选择面带微笑,看起来比较清晰的照片,突出阳光、正能量的一面,这样更能赢得别人的好感,如图2-8所示。尽量避免使用面部表情单一、亮度低、背景杂乱的图片,尤其是一些专业领域的作者,如健康、职场、教育和财经等领域,头像中的人物形象要体现出专业性,而不是让人难以产生信任感。

图 2-8

还可以选择跟领域相关，能突出专业特性的照片。例如，你是一名厨师，就可以穿着厨师服拍一张照片；如果你是一位医生，就可以穿着白大褂拍照片，这样给人一种特别专业的感觉，有利于别人对你产生信任。

五、精准简介，做好标签

头条号的个人简介限制在 30 字以内，但这却是一个很好的广告位，可以为个人品牌做好宣传包装，千万不能乱写。如何打造个人简介，提升专业度？可以从以下两个方面着手。

1. 突出职业身份

很多创作者都是各自行业的精英，可能是正义感很强的教师，可能是非常专业的律师，还有可能是资深摄影师。那么，你可以直接写上职业，最好职业与你所选取的领域垂直相关，能起到很好的专业强化作用，如图 2-9 所示。

图 2-9

2. 给自己定义标签

以自己的生活经历、专业背景或者兴趣爱好为切入点介绍自己，让用户更了解你。除此以外，还可以在简介里明确点出账号的专业方向或亮点，如娱乐领域大 V "皮皮电影"，账号简介是"皮哥荐片，每天一部精彩电影"，作者自称皮哥，拉近了与读者之间的距离，后半句"每天一部精彩电影"更像是节目预告，让喜爱电影的用户能产生关注他就能每天看一部精彩电影的心理预期，精准吸引目标读者，想不涨粉都很难。

1. 自媒体账号进行兴趣领域认证是实操技能点，关键点不是申请认证的步骤，而是明确账号定位。内容垂直是自媒体账号的生命线，对于头条号的创作新人，先不要着急发布内容，做好账号定位，选择最适合自己的创作领域才是起步阶段的关键所在。

2. 在进行创作领域选择时，专业背景和兴趣爱好是需要考虑的关键点，如果自己的专业和兴趣不一致时,应如何选择呢?建议优先选择兴趣,因为自媒体内容创作是一个长期、漫长的过程,如果没有兴趣的支撑,是很难坚持持续素材收集和内容输出的。

3.头条号的名称、头像和简介都是自媒体账号垂直度和辨识度的重要体现,千万不能任意填写。

知识训练

1.内容垂直是指自媒体账号创作并发布的内容始终保持在(　　)个领域。[单选]
A. 1　　　　　　B. 2　　　　　　C. 3　　　　　　D. 4

2.头条号创作者应从以下哪些方面考虑,选择最适合自己的创作领域?(　　)。[多选]
A. 职业背景　　　B. 专业背景　　　C. 兴趣爱好　　　D. 受众群体

3.头条号创作者可以从以下哪些方面入手,打造自己的头条号定位?(　　)。[多选]
A. 头条号名称　　B. 账号头像　　　C. 账号简介　　　D. 微信账号

技能训练

"头条号的定位与布局"技能训练表,见表2-1。

表 2-1

学生姓名		学　　号		所属班级	
课程名称			实训地点		
实训项目名称	头条号的定位与布局		实训时间		
实训目的: 熟练掌握今日头条号的定位与布局。					
实训要求: 1.选择最适合自己的创作领域。 2.列举选定领域的三个账号,并分别说明喜欢的原因。 3.为你的账号取一个有辨识度的名称。					
实训截图过程:					
实训体会与总结:					
成绩评定(百分制)			指导老师签名		

二维码扫一扫,下载实训表格。

任务 2-2　内容的定位与规划

志海听了柯老师关于账号定位的分享,综合考虑后选择了自己喜欢的动漫领域。志海在今日头条号后台申请了兴趣认证,领到 30 天内完成 4 个优质悟空问答的认证任务,兴冲冲地做了几个悟空问答,发现效果不怎么理想,既没有收到"推荐头条首页"的通知,也没有很好的展现量。在课堂上,志海向柯老师提出了自己目前遇到的难题。

知识目标:

1. 了解今日头条为创作者准备的 7 种内容创作工具。
2. 了解今日头条内容原创的要求和消重机制。

技能目标:

1. 掌握优质悟空问答的创作技巧。
2. 能高效完成头条号的兴趣认证。

思政目标:

1. 坚持内容原创,拒绝内容抄袭、内容搬运等违规行为。
2. 坚持正能量价值观,从正向的角度回答问题。

4 学时。

操作步骤

步骤1 要完成今日头条号兴趣领域认证，就要在30天内完成4个优质悟空问答。怎样才是符合今日头条标准的优质问答呢？今日头条一直没有给出标准答案，通过创作者们的反复实战检验，总结出三点具体要求：①回答的问题符合创作领域的垂直度要求。对于与我们领域不垂直的问题，应不予理睬，作答反而会影响账号内容的垂直度。②回答被推荐进今日头条首页，如图2-10所示。③2 000以上的回答展现量。

图 2-10

步骤2 作出能推荐到今日头条首页的问答，需要干货内容，这里分享一个成功率超高的优质问答模板。①一开始就告知读者你很专业、很擅长回答此类问题，吸引读者继续看下去，如图2-11所示。②图文结合，每50～100字配一张图片，每篇问答600～1 000字，配6～8张图更符合读者的阅读习惯。③分点作答，至少分4点，每点提炼一个标题，并把标题加黑、加粗，一是便于系统识别你有分点作答，二是便于读者阅读，如图2-12所示。④在问答的最后加上关于人设定位的自我介绍，提醒读者关注你，如图2-13所示。如果读者能把一篇问答看到最后，表示他对你的观点感兴趣，但不一定会想起关注你，如果看到这段提示关注的话语，那点击关注应该是水到渠成的，这就是爆款悟空问答吸粉无数的技巧。

图 2-11

图 2-12

步骤3 严格按照步骤2作答，90%以上的回答会被推荐进今日头条首页，达到优质问答"2 000以上展现量"的条件会比较容易实现。但可能会存在两种意外情况：①答案被推荐了，但展现量不高，达不到2 000。②已严格按照模板作答，但刚好就是那没被推荐进首页的10%。

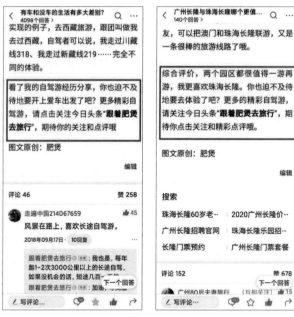

图 2-13

出现问题①的原因，很可能是因为问题本身不热门（见图 2-14），收藏人数很少，所以即使被推荐到首页也无法引起关注，所以应尽量选择收藏人数多的热门问题作答，如图 2-15 所示。但是选择热门问题作答，就会有一定的概率出现问题②，已严格按照格式作答，却没被推荐进今日头条首页。这是因为热门问题的答者众多，如果作答质量不高，你的问题就不会被推荐到首页，所以回答热门问题尤其注意内容的质量。

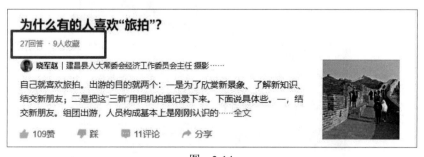

图 2-14

图 2-15

掌握优质问答的创作技巧、完成兴趣认证只是今日头条创作者达成的第一个小目标，接下来将进入持续的内容创作阶段。今日头条是一个很适合自媒体创作者成长的平台，不需要付出很多资金成本，只要创作的内容足够优秀，就可以获得源源不断的流量支持。什么样的内容符合优秀的标准呢？除了前面提到的账号内容要垂直，还需要注意以下几个方面。

一、坚持内容原创

今日头条可能是众多新媒体平台里最注重作品原创度的平台。今日头条系统有强大的原创判定机制，只要有抄袭或搬运的情况（包括图片、文字和视频），大概率会被系统识别并惩罚，轻则取消作品推荐、降低账号权重，重则直接封号。什么样的内容算原创呢？就是创作者自行创作的图文、视频、问答等，对作品拥有合法版权的内容，包括作品里的文字、图片和视频。

坚持内容原创，是创作者必须把握的关键。自媒体创作者必须有自己的想法，有自己想要传达给他人的看法，让原创成为跻身自媒体的强力武器。创作灵感、镜头感都是可以通过努力和学习提升的，如果刚开始做自媒体就抄袭他人的作品，不仅会遭到负面评价和举报，还会被平台严惩，得不偿失。

作为今日头条号新人，即使一开始写不出有深度、很干货的内容，但通过不断地更新作品并改进，也能提升账号的价值，吸引更多用户的关注。可以关注一些领域内的头部账号（粉丝100万以上）和腰部账号（粉丝10万以上），观察大V的选题、内容结构、写作风格，从中学习、借鉴，进而形成自己的风格，这是一个长期的过程，一定要有耐心，一步一个脚印坚持下去，厚积薄发。

二、用好今日头条给创作者准备的7种武器

今日头条2012年上线之初以整合新闻资讯类图文作为内容载体，在2014年推出"头条号"这种UGC创作者模式，让普通大众加入创作者群体中，作品的数量因此得到爆发式增长，但依然保持着图文并茂的内容输出模式。2016年，今日头条相继推出头条视频和短视频产品，其中头条视频于2017年更名为西瓜视频，并成为独立平台运行，但用户仍可在今日头条平台观看西瓜视频，创作者也仍然可以在今日头条号后台发布视频；2017年，今日头条推出问答和微头条产品；2019年，今日头条继续将产品线延伸至搜索领域，如图2-16所示。

2012　　　　　　　　2019

图 2-16

　　在今日头条平台，主流的创作方式分成两大类：图文类和视频类。其中，图文类作品包括长图文、图集、微头条和问答（问答现在也有视频形式），视频类作品包括西瓜视频、头条小视频（类似于抖音短视频）和直播。以上 7 种创作载体，就是今日头条给创作者准备的 7 种武器。

　　不同类型的用户对今日头条的使用习惯是不一样的，有的用户喜欢视频类作品，有的用户喜欢图文类作品。一个旅游领域的创作者即使一直保持更新旅游领域的内容，但如果内容载体由原来的图文攻略变成了旅途视频分享，可能会慢慢流失掉一部分只喜欢看图文攻略的粉丝。这就要求创作者，尽量固定创作载体，如图文类创作者就应保持更新图文，视频作品只适合作为补充。自媒体新手应如何选择合适的内容载体呢？

　　随着用户习惯的改变，当下越来越多的创作者开始尝试短视频和西瓜视频创作，也许让用户看一个 3min 的视频，比让他踏踏实实地看一篇文章更容易，这也是当下短视频火爆的原因。随着 5G 时代逐渐到来，视频的表现会更加突出。

　　相比较而言，图文创作更考验创作者的文字功底。虽说目前视频类作品的收益比图文类高，可是对于入门级创作者来说，还是应该从图文类入手进行内容创作，在实战中熟悉平台规则，提升内容质量，积聚粉丝。坚持图文创作的好处在于沉淀，在创作的过程中思路变得更有条理和符合逻辑，这是自我提升的过程。文字内容方便用户在各种场合收看，视频再火，也需要文案的点睛。

三、根据账号的期望变现方向进行内容定位

　　在保持内容原创且垂直的基础上，需要结合自媒体账号运营目标，规划内容定位，对于图文类创作者而言，一般可分为平台奖励获利和粉丝转化获利两个变现方向。

1. 通过平台奖励获利

例如，参加平台的青云计划，它是今日头条推出的优质图文创作激励计划。目前，青云计划主要分为单日优质图文、月度优质账号及年度签约等奖励。

如果你希望获得青云计划丰厚的奖金，在进行领域选择时可以考虑容易写出深度的领域，如职场、创业、历史、文化等，这样更有可能获得青云计划的奖励。冲击青云计划的文章一般对字数要求较多，虽说达到 900 字就符合评奖标准，但在实际的操作中需要 2 000 字以上的作品才有机会获奖。而 2 000 字以上的图文，因为篇幅过长，容易让普通受众不能坚持看完，这类图文的阅读完成率往往偏低，进而影响点赞、转发、评论、推荐量和阅读量等各项数据。

2. 通过粉丝转化获利

如果希望通过粉丝转化获利，应先通过打造篇幅在 1 500 字以内，配 10～12 张图片的优质爆文提升阅读量，增加曝光并实现吸粉目标。如果想靠粉丝变现，在进行领域选择时就应该选择容易上手的大众领域，如体育、娱乐、美食、旅游、情感和影视等领域。

尽量不要选择那些既不易通过深度输出得到平台推荐，又无法吸引读者的领域。每个账号只有一次选择的机会，如果选错领域，不管付出多大努力都很难成功。

1. 对于今日头条创作新手来说，想在短时间内完成兴趣认证，在坚持高质量内容创作的同时，更应把悟空问答质量的提升重点放在问答选题、作答结构、体现专业和提示关注这 4 个方面。

2. 坚持内容原创，拒绝内容抄袭、内容搬运等违规行为。从短期看，抄袭的内容不会获得平台的流量推荐；从中期看，内容违规的账号被平台封禁的风险一直存在；从长期看，抄袭的人易养成错误的价值观，危害深远。

3. 无论选择图文、问答还是视频创作，都要坚持正能量价值观，从正向的角度进行内容创作，不要为了博取眼球而发布内容低俗、哗众取宠的作品。

> 知识训练

1. 在进行悟空问答选择时，我们应关注（　　）。[多选]

A. 收藏人数　　　　　　　　　　B. 回答人数

C. 问答内容与账号领域垂直相关　　　　　D. 提问者的粉丝数量

2. 创作内容被消重的原因包括（　　）。[多选]

A. 关键项消重　　　　　　　　　　　　B. 标题消重

C. 预览图片消重　　　　　　　　　　　D. 相似主题消重

3. 今日头条的图文类作品包括（　　）。[多选]

A. 直播　　　　B. 微头条　　　　C. 长图文　　　　D. 悟空问答

技能训练

"内容的定位与规划"技能训练表，见表 2-2。

表 2-2

学生姓名		学　号		所属班级	
课程名称			实训地点		
实训项目名称	内容的定位与规划		实训时间		
实训目的： 熟练掌握今日头条内容的定位与规划。					
实训要求： 1. 能明确地知道你的垂直领域在哪里。 2. 了解申请兴趣认证的步骤。 3. 截图不少于 4 个优质问答并展示。					
实训截图过程：					
实训体会与总结：					
成绩评定（百分制）			指导老师签名		

二维码扫一扫，下载实训表格。

表2-2

任务 2-3　粉丝的获取与运营

志海按照优质问答的答题套路，顺利地完成了 4 个动漫垂直领域的优质问答，成为动漫领域的一名创作者。志海掌握了悟空问答的创作技巧后，又进一步对微头条和长图文的创作产生了浓厚兴趣。记得在柯老师的课上，志海听过今日头条平台给予微头条的流量扶持力度大，流量大意味着曝光率高，有利于获得用户的关注进而实现吸粉目标，于是志海将创作的目光投向了微头条。

知识目标：

1. 了解粉丝对自媒体账号的贡献。
2. 了解通过内容创作获取粉丝的逻辑。

技能目标：

1. 掌握微头条的创作技巧。
2. 掌握快速吸粉的账号运营技巧。
3. 掌握通过优质内容获取粉丝并增加粉丝黏性的技巧。

思政目标：

1. 弘扬积极向上的价值观，牢记 6 条今日头条发文红线。
2. 坚持高频率的内容更新，体现劳动品质。

2 学时。

操作步骤

步骤1 打开并登录今日头条APP，点击右上角的"发布"，选择"发微头条"，如图2-17所示。

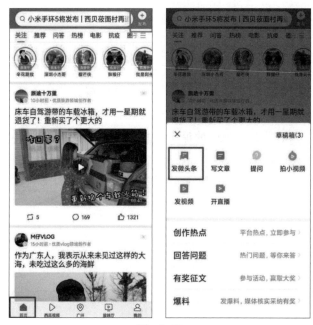

图 2-17

步骤2 微头条的展现形式与微信朋友圈类似，如图2-18所示，但微头条的内容与微信朋友圈的内容有着本质的不同。朋友圈上是熟人或者间接有接触的人；但今日头条上的用户是陌生人，因内容而关注你，否则会直接跳转页面离开。

步骤3 微头条看似创作形式简单，但要做好内容也需要技巧。为什么我的微头条文章的阅读量上不去？这是很多自媒体新人的共性疑问。提升微头条展现量和阅读量有什么好的创作方法吗？可以从以下三方面着手：①内容有故事性。这是最关键的一点，以前我用微头条分享旅游内容的时候喜欢做景点介绍，但阅读量总是徘徊在2 000～3 000的低水平，如图2-19所示。在"头条用户最喜欢看的是故事而不是景点分享"思路的指引下，我改变写法后，微头条的阅读量获得迅速提升，2019年暑假去西藏自驾游的那段时间还入选7月头条旅游短图文月榜，如图2-20所示。②坚持微头条内容的原创度和垂直度。③保持高频率的更新节奏，这点在本任务的相关知识分享中会详细说明。

项目 2 运营资讯内容平台账号

图 2-18

图 2-19

图 2-20

今日头条的粉丝数量有多重要？可以说直接关系到账号权益的开通和收益的分成。几

乎所有的人都知道粉丝很重要，但许多自媒体新人却并不知道今日头条号粉丝的重要性体现在哪里？下面跟大家分享粉丝的重要性。

一、粉丝对自媒体账号的贡献

1. 粉丝量是开启更高级账号权限的钥匙

2020年3月，今日头条号将后台的"作品管理"功能升级为"创作中心"，创作者可通过"创作中心"进行作品管理、收益提现等操作。第一期面向粉丝数（今日头条、西瓜视频粉丝总数）不低于一万的作者开放内测，未来将开放给更多的创作者。2020年4月，该项权益从原先的面向万粉作者开通改为面向千粉作者开通。

不仅如此，很多收益权限的开通也开始与粉丝数量挂钩，如大家熟悉的悟空问答收益，原来的开通指标并不明确，官方只给出了一个优质问答的标准。2020年4月，今日头条号对悟空问答收益开通的标准设定为万粉自动开通。

同样在2020年，微头条也开放了广告流量分成收益，从刚开始的面向万粉作者开通改为面向千粉作者开通，让头条创作者获得更多的盈利渠道，会运营的人靠着高展现量也确实获得了不错的收益。

2. 粉丝是账号获取更高流量变现收益和非流量变现收益的基础

今日头条平台的广告收益是由粉丝阅读量和非粉丝阅读量两部分构成的，粉丝阅读收益远远高于非粉丝阅读收益。举个例子，一个没有粉丝的账号，在今日头条发表一篇文章获得了30 000的阅读，总收益不到3元，而有一万个粉丝的账号，即使一篇文章阅读量只有3 000，但收益却有40多元。粉丝阅读量直接影响广告分成的多少，文章并不会推荐给所有的粉丝，所以粉丝量只是间接地影响广告收益，粉丝基数越大，阅读人群则可能更多。

积累粉丝群体，培育粉丝黏性，当粉丝积累到一定数量时，通过电商渠道售卖商品，转化变现是许多自媒体创作者的目标和动力。在这个逻辑关系里，核心就是需要有一定量且庞大的粉丝群体，因为账号没有一定的粉丝基础，不能带来太多的转化变现收益。

粉丝数量的增加对个人来说也是一种激励。另外，人都有从众心理，当粉丝基数足够大时，可能更具有感染力，吸粉的能力也更强。

二、通过优质内容获取大量的粉丝

今日头条的图文类产品包括长图文、图集、微头条和悟空问答4种形式，其中图集的创作难度最大、专业性最强，不建议新手选择。那么，对于长图文、微头条和悟空问答这3种载体，我们应该如何选择呢？

1. 通过内容创作获取粉丝的逻辑

如果只选一个粉丝关注某自媒体账号的原因，那一定是内容对他有帮助、有价值。但这要建立在用户能见到这个账号的基础上，什么情况下粉丝会遇见这个账号呢？只能是这个账号的内容以图文、微头条和悟空问答三种形式中的其中一种，展现在他的推荐页面。只有用户能看见你，才有机会关注你，所以想要更多的用户关注你，就必须让更多的用户看见你。

2. 选准创作载体，获取粉丝将事半功倍

比较长图文、微头条和悟空问答三种内容创作形式，长图文的平台流量倾斜度是最小的，但创作难度却是最大的，创作一篇长图文要考虑选题、标题和素材等关键内容，任何一个环节都不能出错，一篇花 2～3h 才能创作出来内容相当不错的文章，可能受累于一个不太有吸引力的标题。

相比较而言，悟空问答和微头条各有优势。先说微头条，一篇长图文一般需要 800～1 200 字才算有内容，而微头条只需要 200 字以上就能清楚地叙述好一件事了，创作的时间成本远低于长图文，有利于鼓励创作者多发内容。另外，今日头条对微头条的流量倾斜也远大于长图文，即同样的内容，以微头条的形式发布一般会比以长图文形式发布有更大的展现量。

悟空问答的优点有：①选题更轻松，只需根据问题的收藏人数即可判断出这个话题是否有热度（尽量选择收藏人数在 100 以上的问题作答）。②不用考虑标题，问答的标题就是问题，这是已经确定的，创作者只需根据问题作答即可。③悟空问答的作答模式有固定的套路，只要按套路作答就有很大的机会进首页，只要是热门问题，作答被推进首页，阅读量将有望大大超过预期。对于自媒体新人来说，一篇长图文要突破 10 万的阅读可能很困难，但悟空问答的阅读量超过 10 万是完全可以的，展现量越大越有利于吸粉。

综合对比长图文、微头条和悟空问答三种内容载体，微头条和悟空问答更适合作为自媒体新人吸粉的利器。

三、通过账号运营获取粉丝并增加粉丝黏性

粉丝非常重要，我们要正确认识运营账号的目的，并且采用正确的方式去运营，打造出独特的人设定位，从而实现吸粉的目标。

1. 正确认识运营账号的目的

如果注册今日头条号，只是抱着迅速赚钱的目的，基本上属于心态没摆正、功利心太强、目的太明显，这样做不利于账号的正常运营。想要运营好账号，首先得把"变现"这个想法暂时放到一边。

我们可以顺着这个思路想一想：运营账号如何才能变现？要有粉丝、阅读量和播放量。

如何才有粉丝、阅读量和播放量？要有好的内容。如何做好内容？每天都要发布垂直领域的内容，或者至少每两天进行一次更新。

只有通过高频率的更新，能让用户经常看到这个账号，才能实现快速涨粉的必然要求。只有基于这样的认识，才能不断坚持、持续提升自身技能。

2. 塑造个性化的人设定位

通常来说，粉丝是通过阅读账号文章来熟悉和认知作者的。在今日头条平台，自媒体可以把自己塑造为一个育儿高手，也可以把自己打造成一个电脑专家。

事实上，很多人这样做了，并且取得了一定的成功。如果要打造自己，就必须从打造自己的账号开始。头像和简介等都要做成与定位完全一致，如一个育儿类账号采用男士头像或兵器图片作为图片都是不合适的。

3. 蹭热度、蹭流量

如果有大V账号带流量，账号运营获得成功的可能性会很大。但是，对于大多数人来说，没有大V账号带流量是常态，此时，应该怎么办呢？

有一个好办法，那就是坚持去大V账号下发布优质的评论。注意，所发评论必须是符合大V账号内容的评论，不能乱发。而且还要坚持，坚持，再坚持，这样才能让更多的用户看到你、发现你、关注你。同时，高水平的评论也有可能获得大V账号的转发，这就多了一条涨粉的途径。事实上，很多账号在这样做并取得了明显的效果，有时成功就在于简单的坚持。

1. 在图文类作品里，悟空问答和微头条都是吸粉利器。从创作的角度看，二者字数要求更低，在手机端可灵活发布。

2. 掌握运营技巧只是前提，但怎么用，只有通过不断实战、不断改进才能把工具变成涨粉利器，这就是本任务里提到的保持高频率的内容更新。

知识训练

1. 在图文类作品里，（　　）更适合作为自媒体新人的吸粉利器。[多选]
A. 微头条　　　　B. 图集　　　　C. 长图文　　　　D. 悟空问答

2. 提升微头条阅读量最关键的因素是（　　）。[单选]

A. 蹭热点　　　　B. 故事性　　　　C. 稀缺性　　　　D. 高频率更新

3. 你更喜欢哪种创作工具，为什么？

技能训练

"粉丝的获取与运营"技能训练表，见表2-3。

表　2-3

学生姓名		学　　号		所属班级	
课程名称			实训地点		
实训项目名称	粉丝的获取与运营		实训时间		
实训目的： 熟练掌握粉丝的获取与运营技巧。					
实训要求： 1. 了解粉丝对子媒体的贡献体现在哪些方面。 2. 掌握通过优质内容获取粉丝的技巧。 3. 掌握通过账号运营获取粉丝并增加粉丝黏性的措施。					
实训截图过程：					
实训体会与总结：					
成绩评定（百分制）		指导老师签名			

二维码扫一扫，下载实训表格。

项目 3
营销图文创作

（以今日头条为例）

随着5G技术商用的加速普及，有人说图文营销时代已经过去，新媒体营销已全面进入"短视频+直播"时代。其实，这种观点忽视了两个关键问题：①不同平台的用户有不同的阅读习惯，今日头条平台最大的特点是内容载体齐全，涵盖图文、问答、短视频和直播各领域，今日头条用户更喜欢图文结合视频的阅读方式。②无论短视频还是电商直播，都绝不是即兴发挥，剧本策划、文案撰写、后期剪辑等都离不开打动人心的文字，同样一个短视频，配上不同的文案，播放量可能会有天壤之别，这就是文字的力量。

项目提要

本项目以今日头条长图文创作为例,从内容撰写和标题创作两大方面展开,告诉你哪些雷区不能踩,哪些技巧必须掌握,手把手教你创作既有内容又能吸引读者的爆款长图文。

项目思维导图

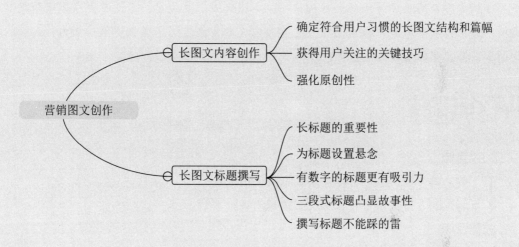

引例

志海运营头条号一个多月了,他为提升作品质量想了许多办法。近期,头条学院举办面向在校大学生的新媒体营销"百日成长计划",项目分成4个阶段,其中第4个阶段要求账号在两周内长图文累计阅读量大于等于5万或单篇阅读量大于等于3万。面对第4个阶段的任务,志海有点犯难,运营账号一个多月,发了20多篇长图文,还真没出现过单篇阅读上万的文章,更别说单篇阅读超过3万了。志海有点犯愁,该怎么突破阅读量的瓶颈呢?

建议学时

8学时。

任务 3-1　长图文内容创作

为突破阅读量瓶颈，志海在今日头条平台翻阅了不少教学方面的图文和视频，发现泛泛而谈的居多，真正手把手教实操的很少。志海带着这些疑惑，向运营自媒体账号颇有心得的柯老师请教。柯老师以自己账号上发布的文章为例进行了详细讲解，如为什么有的文章阅读量高，有的文章阅读量低，为志海指出了一个方向。

知识目标：
1. 了解影响今日头条平台作品展现量的关键因素。
2. 了解影响今日头条平台长图文阅读量的各种因素。

技能目标：
1. 掌握提升长图文阅读完成率的技巧。
2. 掌握提升作品点赞、评论、转发、收藏等各项数据的技巧。

思政目标：
1. 弘扬正能量和积极向上的价值观。
2. 作出正确的价值判断和行为选择的能力。

4 学时。

步骤1 打开今日头条号后台，在主页界面选择"创作"—"文章"，如图 3-1 所示。

图 3-1

步骤2 进入文章创作页面，会发现有两部分内容需要创作，即标题和正文，如图 3-2 所示。关于标题的撰写，将在任务 3-2 中详细阐述。本任务详细阐述正文的创作要点。

图 3-2

步骤3 养成直接在创作界面输入文字的习惯，如图 3-3 所示。尽量不要选择复制粘贴，有两个层面的原因：①严禁直接复制网络上的文字和图片，头条平台非常重视作品的原创性（关于今日头条平台的消重机制已经在项目 2 里重点强调），非原创的作品基本不会获得太高的推荐量。②尽量不要在 Word 文档里写好内容再复制到今日头条的发布界面，因为平台可以清晰地判断输入的内容是录入还是复制上去的，系统的判断倾向是录入的内容原创性更强。

图 3-3

步骤4 如图 3-4 所示，一篇文章的阅读量为 5.5 万，另一篇文章的阅读量为 5 716，导致阅读量相差约 10 倍的原因有很多，其中最直观的原因就是两篇文章的展现量差距非常大。所谓展现量，就是今日头条平台把这个作品推荐给用户的数量，推荐了用户不一定会看，但如果系统都没有推荐给用户，就更谈不上阅读了。逻辑关系就是展现量和阅读量是正相关的，有更多的展现量，才有机会有更高的阅读量。

图 3-4

步骤5 2020 年改版前，今日头条平台把展现量叫作推荐量。平台为什么会向用户推荐作品？如图 3-5 所示，首先看指标一中的几个数据：①点击率，一般又称展阅比（阅读量在展现量中的占比），反映的是用户看见这篇文章后打开阅读的欲望，点击率越高，系统会认为作品质量越好，会展现给更多的用户（影响展现量的因素非常多，不能简单地判断点击率越高展现量就一定越大）。一般来说，这个数据主要受标题、封面和粉丝数等因素的影响，如何提升标题和封面的质量，将在任务 3-2 中分享。②平均阅读完成率和平均阅读时长直观地反映了图文内容质量，反馈的是系统通过用户阅读这个作品时的数据，判断他们的重视程度，进而推断出这篇图文的质量。一般来说，阅读完成率越高、阅读时长越长反映了用户越感兴趣，系统就会认为这是一篇好图文，会展现给更多用户。反之，展现量就会低。

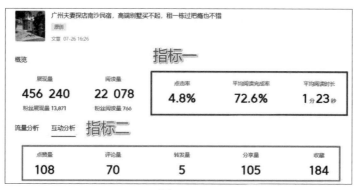

图 3-5

一、确定符合用户习惯的长图文结构和篇幅

1. 排版结构要合理

既然是图文作品，就是要带给用户图片和文字相结合的体验感，采用图文相间的结构，读者不容易产生枯燥感和疲劳感，如图3-6所示。切记，不要把文字和图片割裂开来，即不要先写一大段文字后才配图或者干脆不配图，也不要只放图片而没有文字描述。

图 3-6

2. 图文的长度要适中

当今的用户更习惯于碎片化阅读，文章篇幅过长，即使内容再精彩，用户也不一定有

耐心看完。如果希望写出有深度的文章，太短也不行，内容不足会影响账号在用户心中的印象，不利于建立账号的品牌形象，不利于吸引粉丝和增强粉丝黏性。

那么，什么样的篇幅结构才合适呢？今日头条平台的用户更习惯于 800～1 200 字、配 8～10 张图片的图文作品。说到这里，会有朋友提出疑问，800～1 200 字的文章能写出深度吗？这里要说明一个问题，文章的深度和阅读完成率是难以兼顾的，如果定位的是深度好文，那就要做好阅读量不一定太高的心理准备（虽说也不乏既有深度也有高阅读量的长图文，但更多的情况下是字数越多阅读完成率越低）。

二、获得用户关注的关键技巧

点赞量、评论量、转发量、分享量和收藏量等数据，反映了用户的认同，是作品品质的体现。那么，什么样的作品更能获得用户认同呢？

1. 故事性强

作品再有内容、再有深度，也要以别人能看下去为前提，而故事就是一个能吸引用户看下去的载体。以旅游领域为例，今日头条用户最喜欢看的是作者旅途中的故事和攻略分享，而不是单纯的景点介绍（因为喜欢看景点介绍的用户，可能会优先选择携程、马蜂窝之类的旅游资讯平台）。

2. 真人出镜

亲身经历分享，尽量真人出镜，如图 3-7 所示。这样的长图文容易给读者更强的代入感和参与感，让读者能感觉到内容的人格化和真实性，进而引发共鸣，促使点赞、评论、转发和收藏。如果有读者评论，就要抓紧回复，一方面增加评论量有利于增加系统对作品的推荐量；另一方面通过与读者互动建立平易近人的形象，有利于吸引粉丝和增强粉丝的黏性。

3. 保持高频率的更新节奏

处于运营初期的新账号，即使做不到日更，每周 3～4 篇更新是必需的，这样才更容易强化粉丝的黏性。

图 3-7

三、强化原创性

在众多新媒体平台里，今日头条、抖音等平台对内容原创性的审核要求是最严格的。以今日头条为例，要想获得高展现量，发布作品时必须勾选"原创且首发"，此外，平台还配套了成熟的消重机制和严厉的惩罚措施。

1. 关于打压专栏重复内容的公告

今日头条一直致力于提升用户的阅读体验、维护原创作者权益、打击侵权内容。平台将对专栏重复内容的推荐进行限制，被视为重复内容的包括但不限于以下情况。

（1）同一账号下不同的专栏发布相同的内容（各专栏主讲人介绍、课程须知等相同或相似的除外）。

（2）同一账号下同一专栏内发布相同的内容（同专栏章节和精华相同的除外）。

（3）不同的账号发布相同的内容，包括同一公司下或同一运营人名下多个账号发布相同的内容。

平台将对以上情况采取限制推荐的措施，如果屡次出现，还可能采取下架专栏、暂停专栏创建或其他限制措施。对于侵犯他人版权内容的专栏，平台将严厉打击，经核实后将采取暂停专栏创建、下架专栏、关闭专栏权限，甚至封禁账号等措施。

2. 关于兴趣黄 V 认证规范的公告

兴趣黄 V 认证是指今日头条对某一领域优质内容创作者的官方认证，代表其创作内容原创性强、内容优质且垂直度高。但长期以来，部分黄 V 认证用户在获得认证后无法持续保持稳定的创作水平，不利于构建今日头条健康、有序的创作生态。

自 2020 年 7 月 15 日起，平台将对黄 V 认证的创作者进行浮动管理，对无法持续保持创作质量的认证作者，将取消其认证。被取消 30 天后，如创作者发布的内容符合黄 V 认证标准，可再次发起申请。

可能被取消兴趣黄 V 认证的具体行为如下。

（1）原创性不足。多次涉嫌内容抄袭，原创内容低于总发文量的 60%，将被取消认证。

（2）内容低质。频繁发布无信息量、无意义的低质内容，或内容违反《今日头条社区规范》，将被取消认证。

（3）垂直度不足。在垂直领域发文量不足总发文量的 60% 时，将会收到修改领域的提示消息；如果作者有修改认证领域的需求，请在收到提示 30 天内提交修改领域的申请，审核通过后会变更到新的认证领域。如果作者希望继续维持当前领域，应专注于当前领域的创作，确保在该领域发文量占个人总发文量的 60% 以上。平台会在你收到消息后的第 30 天，再次审核你的发文垂直度，如果符合标准，将继续保持当前认证，否则将取消认证。如果发文方向明显改变，且发布大量低质、无意义的内容，将有可能直接被取消认证。

（4）信用分低于 60 分。创作者的计划信用分低于 60 分时，将会被取消认证。

1. 进行长图文内容创作，对内容的认知不要简单地理解为内容的知识性，图文的原

创度、故事性、人格化、长度和结构都是提升阅读量的关键技巧。要注意的是，内容创作讲究创意并且有较大的偶然性，不是说注意了以上问题就一定能写出爆文。

2. 内容创作初期，阅读量上不去不要轻易放弃，更不要轻易变更创作领域，当你积累了一定数量垂直领域的作品时，也许离第一篇爆款长图文就不远了。

知识训练

1. 长图文作品如果想获得更高的阅读完成率，一般应为（　　）字。[单选]

A. 400　　　　　B. 600　　　　　C. 1 000　　　　　D. 2 000

2. 以下（　　）是影响图文阅读量最直接的因素。[单选]

A. 点赞量　　　B. 展现量　　　C. 阅读完成率　　　D. 点击量

3. 以下（　　）会影响图文的展现量。[多选]

A. 点击率　　　B. 评论量　　　C. 阅读完成率　　　D. 文章长度

技能训练

"长图文内容创作"技能训练表，见表3-1。

表 3-1

学生姓名		学　号		所属班级	
课程名称					
实训项目名称	长图文内容创作		实训时间		
实训目的： 熟练掌握今日头条长图文内容创作技能。					
实训要求： 1. 明确你的垂直领域属于哪一领域。 2. 两周内完成累计阅读量超过5 000 的长图文，发文数量不限。 3. 长图文截图示例（不少于4篇长图文的截图）。					
实训截图过程：					
实训体会与总结：					
成绩评定（百分制）			指导老师签名		

二维码扫一扫，下载实训表格。

任务 3-2　长图文标题撰写

在与志海沟通的过程中，柯老师问了志海一个问题，问他创作一篇 1 000 字左右的长图文需要多长时间？志海思考了一下表示，如果认真写的话起码需要 2h，柯老师又问，撰写一个标题花多长时间？志海说，10min 左右。柯老师笑着说，你知道吗？阅读量上不去的原因，很可能就是因为这些只用 10min 就确定的标题。

知识目标：

1. 了解今日头条长图文标题不能碰的雷区。
2. 了解今日头条的双标题功能。

技能目标：

1. 能写出有故事性的长图文标题。
2. 掌握提升长图文标题吸引力的实战技巧。

思政目标：

1. 坚持正能量的价值观，不做哗众取宠的标题党。
2. 做到标题清晰，内容优质。

4 学时。

步骤1 认清标题的重要性。

长图文的阅读量,并不只取决于作品的质量,尤其对于粉丝不多的账号来说,有一个因素更重要,那就是标题。有一种夸张的说法,一篇长图文成功与否,标题起90%以上的作用,虽然90%不一定是准确的数据,但绝对证明了标题的重要性。怎样创作爆款标题?首先必须有清晰的认知,爆款不等于哗众取宠。例如,出现"惊!""爆!""震惊!"等字眼的标题,基本上相当于给自己的文章判了死刑,会被系统直接认定为标题党,系统也不再给这个作品推荐量。如图3-8所示,作者有3.4万粉丝,但这篇文章的阅读量不到500。

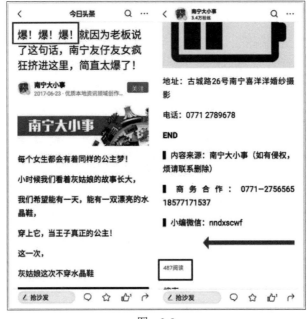

图 3-8

步骤2 开通双标题功能权限。

在长图文创作页面,系统提示标题长度是5~30个汉字。不要小看标题,内容完全相同的文章,标题不一样其阅读量的差异可能非常大。今日头条曾经为部分优质内容创作者开通双标题功能,有双标题功能权限的创作者可以给每一篇图文起两个标题,图文发布后,系统会将这篇标题不同、内容相同的文章同时推荐给平台上不同的用户(同一个用户只会收到其中一篇。经过首轮推送,系统会选择首轮点击率较高的标题继续加大推荐量(见图3-9),相当于给这部分创作者额外增加了向读者展示作品的机会,初衷是鼓励优质创作者和优质作品,但同时也给其他创作者带来了一定的不公平,出于多方面考虑,今日头条于2020年5月关闭了该功能,如图3-10所示。

图 3-9

图 3-10

相关知识

一、长标题的重要性

既然标题的字数范围是 5～30 个字，那究竟是长标题好还是短标题好呢？从实践效果来看，无论是图文还是视频，都必须起长标题。为什么呢？一是长标题能更清晰地表达文章的主题，有人说标题隐晦点才有悬念，但有悬念而不是故弄玄虚，故弄玄虚的标题很容易引起读者的厌恶感，如图 3-11 所示。二是长标题更有机会"踩"中热词，如果标题只有 10 个字，大概相当于 5 个词；如果标题有 30 个字，大概相当于 15 个词。30 个字的标题比 10 个字的标题多了 10 个词，踩中热词的机会是否大大增加呢？

图 3-11

二、为标题设置悬念

标题要有悬念，怎样才算有悬念呢？应该如何设置？如图 3-12 所示，从点赞量和评论量可以判断，下面那篇文章的阅读量更高。抛开文章内容，单从标题来看，下面的标题更有悬念。下面的标题中，提到有一部猛片即将上映，这部猛片在海外上映时的数据很亮眼，想知道这部片是什么吗？那就点进去看。于是，点击率和阅读量就来了。再来看上面那篇文章的标题，最近有两部不错的电影：《毒液》和《暗杀数人》，通过标题已经相对清楚地了解内容了，读者就不愿意点击阅读了，于是点击率和阅读量就流失了。

三、有数字的标题更有吸引力

继续以图 3-12 为例，下面的标题还有一个优点就是使用了阿拉伯数字，今日头条官方运营在头条公开课中曾多次强调，根据后台数据统计，读者对阿拉伯数字的敏感程度远高于文字，所以在标题中要多用阿拉伯数字。如图 3-13 所示，这篇 12 万阅读量的图文的标题中就运用了 2 处阿拉伯数字。

图 3-12

图 3-13

四、三段式标题凸显故事性

任务 3-1 提到,今日头条用户的阅读习惯更偏向于故事性。故事性不仅体现在内容中,更应该直接体现在标题上,让读者一看标题就被吸引住,从而激发进一步探究的欲望。如图 3-14 所示,内容完全相同的长图文(使用了双标题功能),展现量和阅读量的差距非常大,虽然副标题的实用性更强,但主标题比副标题更具故事性,符合今日头条用户对故事性的偏好。

如何把标题的故事讲好?留意一下图 3-14 中的两个标题,都是三段式的,这就是今日头条官方大力推荐的三段式标题,格式为"概括事件 + 关键信息 + 调动情绪"。例如,主标题中"广州夫妻自驾南岳衡山玩雪"是关键事件,"酒店免费升级套房"透露了住酒店期间的关键信息,"进房后果断要求换"是这篇文章阅读量暴涨的关键,充分激发了读者的好奇心,点进去看就是水到渠成的事情了。

主标题:广州夫妻自驾南岳衡山玩雪,酒店免费升级套房,进房后果断要求换

展现 95.8万 · 阅读 10.7万 · 评论 245

副标题:广州夫妻自驾湖南衡山玩雪,登山前要注意的吃住玩细节,太有用了

展现 8955 · 阅读 304 · 评论 0

图 3-14

五、撰写标题不能踩的雷

(1)除逗号、问号外,标题中出现了其他符号,如感叹号、省略号和一些无意义的符号。感叹号和省略号易被系统认定为标题党,无意义的符号无法被系统识别因而会影响被推荐。

(2)标题中使用了"一定""百分百""不看不知道""只要"等绝对化的修饰语。此类词语大概率会被系统认定为标题党,如图 3-15 和图 3-16 所示。

(3)把文章写成了种草软文,如图 3-16 所示。读者来今日头条是为了看故事而不是买东西。

(4)标题语意不清、故作高深,尤其是在还不具备撰写深度好文能力的时候,如图 3-17 所示。

图 3-15

图 3-16

图 3-17

经验分享

1. 新媒体内容创作是讲究创意的，创意既体现在内容上，也体现在标题上。标题的创意比内容更重要，因为标题是否有吸引力，基本决定了读者是否会点击进去看文章的内容。

2. 如果你严格按本任务的要求打造自己的标题，不能保证创作出 10 万+阅读量的爆款图文，但阅读量稳定上升是指日可待的。

3. 文章的标题实在太重要了。标题值得你花 0.5h 甚至 1h 去打磨，如果一时半刻实在想不到合适的标题，就先休息一会儿再继续思考吧！

同步训练

知识训练

1. 创作标题时，可以使用的标点符号有（　　）。[多选]

A. 省略号　　　　B. 问号　　　　C. 逗号　　　　D. 感叹号

2. 为了增强文章的故事性，应多尝试使用（　　）标题。[单选]
A. 一句式　　　　　B. 两段式　　　　　C. 三段式　　　　　D. 四段式
3. 使用 20 字以上的长标题的好处有（　　）。[多选]
A. 表达更清晰　　　　　　　　　B. 满足了字数要求
C. 容易踩中热词　　　　　　　　D. 读者喜欢长标题

技能训练

"长图文标题撰写"技能训练表，见表 3-2。

表 3-2

学生姓名		学　　号		所属班级	
课程名称				实训地点	
实训项目名称	长图文标题撰写			实训时间	
实训目的： 熟练掌握今日头条长图文标题撰写技巧。					
实训要求： 1. 明确你的垂直领域。 2. 两周内，至少有一篇长图文的阅读量超过 1 000，要求其标题能体现故事性。 3. 典型长图文截图（至少两篇）。					
实训截图过程：					
实训体会与总结：					
成绩评定（百分制）			指导老师签名		

二维码扫一扫，下载实训表格。

4 项目 4
社交平台解读

全球有 40% 的人都在使用社交媒体，用户平均每天花 2h 在这些平台上分享、点赞和发布各种信息，传统媒体，如电视、广播和报纸正离我们的生活越来越远。在此背景下，孕育社交娱乐新方式的 QQ、微信、微博、人人和陌陌等社交平台相继成长，针对不同的受众群体这些社交平台发展迅速。

项目提要

本项目解读了当今国内外十大社交平台的现状，探析社交平台的营销功能，让大家更好地认识当今主流的社交平台发展趋势，多数企业或个人利用这些平台进行营销推广。本项目以微信和微博平台为例详细阐述。

项目思维导图

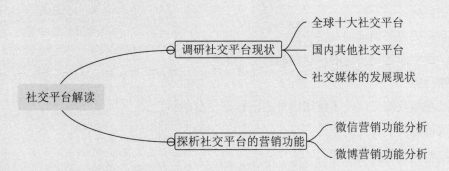

引例

小信是刚毕业的大学生,入职了一家公司负责网络营销工作。一天,经理告诉他,可以选择一些社交平台进行营销推广,但是他对社交平台运营一知半解,真正开始实践操作的时候遇到了很多的问题,不知道选择哪个社交平台?不知道推广效果如何?……

建议学时

6学时。

任务4-1 调研社交平台现状

情景导入

经理告诉小信,需要了解有哪些主流的社交平台?这些平台是不是适合本公司的产品推广?它的目标人群是哪一类群体?平台的现状和未来趋势如何?……梳理好这些基础问题后,才能找到适合的推广渠道,才能真正胜任这份工作。

知识目标：

1. 了解国内外当前的社交平台。

2. 了解主流社交平台的现状和趋势。

技能目标：

通过网络收集资料，了解国内外主流社交平台的特点。

思政目标：

1. 能够提升数据搜集能力。

2. 能对数据做到客观分析。

2 学时。

一、全球十大社交平台

1. Facebook

Facebook（脸书或者脸谱网）是美国的一家社交网络服务网站，创立于 2004 年 2 月 4 日，它是全球最大的社交平台、世界领先的照片分享站点，月活跃用户 20.6 亿，每天有 13.2 亿人在使用这个平台。从 2006 年 9 月 11 日起，任何用户输入有效的电子邮件地址和自己的年龄段即可加入。2019 年 11 月 12 日，Facebook 宣布推出移动支付服务 Facebook Pay。

2. YouTube

YouTube（油管或优兔）是美国的一家视频分享网站，创立于 2005 年 2 月 15 日，让用户上载、观看及分享视频或短片，月活跃用户 15 亿。没有 Google 账号的用户仍可以直接观看 YouTube 中的视频，但无法上传视频，注册用户则可以无限次上传视频。

3. WhatsApp

WhatsApp（瓦次普）是美国的一个即时通信应用程序，创立于 2009 年 2 月 24 日，可供 iPhone 手机、Android 手机、Windows Phone 手机、WhatsApp Messenger、Symbian 手机和 Blackberry 手机用户使用的用于智能手机之间通信的应用程序。跨平台应用程序，用于智能手机之间的通信，月活跃用户 13 亿。用手机号码注册，接受验证短信，WhatsApp 会搜索手机联系人并自动添加到联系人名单中。2020 年 2 月 12 日，WhatsApp 用户数量已达到 20 亿。

4. Facebook Messenger

Facebook Messenger 是桌面窗口聊天客户端，允许用户进行聊天、接收通知并从桌面上阅读新鲜事，月活跃用户数约为 12 亿。这款 APP 允许用户发送消息、照片和视频等，可以与聊天机器人互动，还可以使用视频和语音通话。

5. 微信

微信（WeChat）是中国的一个智能终端提供即时通信服务的免费应用程序，成立于 2011 年 1 月 21 日，微信支持跨通信运营商、跨操作系统平台通过网络快速发送免费的语言短信、视频、图片和文字，也可以使用通过共享流媒体内容的资料和基于位置的社交插件"摇一摇""漂流瓶""朋友圈""公众平台""语音记事本"等服务插件。月活跃用户 11.5 亿，朋友圈、微信红包、公众号等已成为人们日常生活的焦点。

6. QQ

QQ（腾讯 QQ 的简称）是中国的一款基于 Internet 即时通信（IM）的软件，它是中国最受欢迎的即时通信工具之一，月活跃用户 8.5 亿。这款应用支持在线聊天、视频电话、点对点断点续传文件、共享文件、网络硬盘、自定义面板和 QQ 邮箱等多种功能，并可与移动通信终端等多种通信方式相连。可以免费使用 QQ 方便、实用、高效地和朋友联系。

7. Instagram

Instagram（照片墙）是美国的一款运行在移动端的社交应用，成立于 2010 年 10 月，是 Facebook 旗下的社交媒体应用，它以一种快速、美妙和有趣的方式将你随时抓拍下的照片彼此分享，基于这些照片建立了一个微社区，在这里可以通过关注、评论和点赞等操作与其他用户进行互动，是受欢迎的社交媒体应用之一，月活跃用户 7 亿。2016 年 12 月 13 日，Instagram 的直播功能向全美的所有用户正式开放。

8. QQ 空间

QQ 空间（Qzone）是腾讯公司于 2005 年开发出来的一个个性空间，具有博客的功能，自问世以来受到众多用户的喜爱，月活跃用户 6.06 亿。在 QQ 空间上可以书写日志，上传用户个人的图片、听音乐、写心情，通过多种方式展现自己。QQ 空间还为精通网页制作的用户提供了高级功能，可以通过编写代码来打造自己的空间个人主页。

9. Tumblr

Tumblr（汤博乐）是美国成立于 2007 年的全球最大的轻博客网站，也是轻博客网站的始祖，它是一种介于传统博客和微博之间的全新媒体形态，既注重表达，又注重社交、注重个性化设置,成为当前最受年轻人欢迎的社交网站之一。月活跃用户 3.68 亿。它沿用了传统博客的形式,并将其演变成一种意识流式的琐碎叙述,日志短小精悍、触发点十分随意,可以是一幅照片、一段视频、一节引言、一条链接甚至一个闪念。Tumblr 实际上是介于 Twitter 和传统的全功能博客之间的服务。在使用 Tumblr 前,需要在官方网站注册账号并开通自己的微博,它不但支持在本站发布微博,还可以同步到 Facebook 和 Twitter。

10. 新浪微博

2009 年 8 月推出内测版,成为门户网站中第一家提供微博服务的网站,微博是基于用户关系的社交媒体平台,用户可以通过 PC、手机等多种终端接入,以文字、图片、视频等多媒体形式,实现信息的即时分享、传播互动。新浪微博是中国最受欢迎的社交媒体网站之一,该平台提供了类似 Twitter 的服务。

二、国内其他社交平台

1. 抖音短视频

今日头条旗下的短视频平台,颇负盛名的音乐创意短视频社交软件,专注年轻人的 15s 音乐短视频社区,抖音是一款音乐创意短视频社交软件,是一个专注于年轻人的 15s 音乐短视频社区。用户可以通过这款软件选择歌曲,拍摄 15s 的音乐短视频,形成自己的作品。在 Android 各大应用商店和 APP Store 均有上线。

2. 知乎

知乎是中文互联网的知识社交平台,中文互联网高质量内容社区,国内知名网络问答社区,以高质量、多样性著称。知乎以知识连接一切为使命,凭借认真、专业、友善的社区氛围和独特的产品机制,聚集了中国互联网上科技、商业、文化等领域最具创造力的人群,将高质量的内容透过人的节点成规模地生产和分享,构建高价值的人际关系网络。用户通过问答等交流方式建立信任和连接,打造和提升个人品牌价值,并发现、获得新机会。

3. 百度贴吧

百度贴吧是百度旗下的独立品牌,是一种基于关键词的主题交流社区,它与搜索紧密结合,把握用户需求,为兴趣而生,使命是让志同道合的人相聚。不论是大众话题还是小众话题,都能聚集大批同好网友,展示自我风采,结交知音,搭建别具特色的"兴趣主题"互动平台。百度贴吧涵盖社会、地区、生活、教育、娱乐明星、游戏、体育和企业等方方面面,为人们提供了一个表达和交流思想的自由网络空间,并以此汇集志同道合的网友。

4. 豆瓣

豆瓣(douban)是一个社区网站,该网站以书影音起家,提供关于书籍、电影、音乐等作品的信息，无论描述还是评论都由用户提供（User-generated content，UGC），是 Web 2.0 网站中颇具特色的一个网站。网站还提供书影音推荐、线下同城活动、小组话题交流等多种服务功能，它更像一个集品味系统（读书、电影、音乐）、表达系统（我读、我看、我听）和交流系统（同城、小组、友邻）于一体的创新网络服务，一直致力于帮助都市人群发现生活中有用的事物。

5. 陌陌

陌陌是陌陌科技于 2011 年 8 月推出的一款基于地理位置的移动社交工具，可以通过陌陌认识附近的人，免费发送消息、语音、照片以及精准的地理位置和身边的人更好地交流。可以使用陌陌创建和加入附近的兴趣小组、留言、附近活动和陌陌吧，丰富自己的社交圈。陌陌专注于移动互联网、移动社交、社交模式探索并满足人们的社交愿望。

6. 探探

探探是一个基于大数据智能推送、新互动模式的社交 APP。探探根据用户的个人资料、位置、兴趣爱好等信息，计算并推送身边与你匹配的人，帮助用户结识互有好感的新朋友。探探的"左滑右滑、互相喜欢才能聊天"的核心产品机制，给年轻人带来了有趣、浪漫的独特体验。此外，其安全、防骚扰的特点也使其成为一款非常受女性欢迎的社交应用。

7. YY 语音

YY 语音是国内第一大游戏语音通信平台，是针对中文用户设计的多人语音娱乐平台，特别适合游戏中的公会和娱乐用户，体贴备至的设计，让 YY 语音自面世以来，已成为众多游戏用户和语音娱乐用户的首选。时至今日，YY 语音已经成为集合团队语音、好友聊天、视频功能、频道 K 歌、视频直播、YY 群聊天、应用游戏和在线影视等功能为一体的综合型即时通信软件。注册用户达 4.005 亿。由于 YY 语音的高清晰、操作方便等特点，已吸引越来越多的教育行业入驻开展网络教育，比较著名的有外语教学频道、平面设计教学频道和心理学教育频道等。

三、社交媒体的发展现状

1. 人际传播的桥梁

传统的人际传播主要是两个人之间的交流，随着社交媒体的出现，现在只要通过 QQ、微信、微博等社交媒体就能实现，减少了距离感，甚至可以借助视频实现面对面的交流。社交媒体可以更快地将人群进行划分，找到相同兴趣爱好的人，如贴吧、论坛等，就是有相同爱好的人聚集的地方。所以，社交媒体是人际传播的桥梁。

2. 公众传播的工具

社交媒体准入门槛比较低，只要使用手机同时注册了微信、微博、QQ 等相关社交媒体，就可以成为发言人，颠覆了传统媒体角色，可以扮演记者、编辑的角色，随时随地采集发布相关的内容。因为很多社交媒体都可以发布文字、图片、语音、视频等多种形式的内容，推送实时内容，所以能形成巨大的传播网络，改变受众接受信息的方式，成为公众传播的工具。

3. 表达言论的平台

社交媒体的出现，改变了受众的角色。在这些社交平台上，用户既可以拓展人脉，传播信息内容，也可以自由发言，可以在平台上表达自己的意见、想法、感悟等，同时对一些内容可以进行评论，发表自己的见解。特别是在微博、博客、微信中，受众可以从以往的发言弱势群体变为焦点，这样就激发了更多人参与的热情。

4. 拥有附加服务功能

现在，社交媒体借助人际交流平台，开发或者与第三方平台合作，增加了很多附加功能和服务，如微信不仅可以进行交流，还可以充当支付工具，把生活中的衣食住行的服务和功能都附加上去，吸引更多的用户使用，增加用户的黏性。

1. 国内外社交内容平台有很多相似之处，大部分都是通过图文、视频和音频等新媒体平台传播。尤其是微信、抖音等社交软件的使用人数在全球持续增加。

2. 企业宣传产品或品牌宣传，需要根据产品的属性找到适合的社交渠道，面对不同社交平台的受众作出不同的推广策略。

> **知识训练**

1. 全球最受欢迎的社交平台是（　　）。[单选]

A. Facebook　　　B. YouTube　　　C. 微信　　　D. 微博

2. 国内最受欢迎的社交平台是（　　）。[单选]

A. Facebook　　　B. YouTube　　　C. 微信　　　D. 微博

3. 哪个国内的社交平台提供了类似 Twitter 的服务？（　　）。[单选]

A. 微信　　　B. 微博　　　C. QQ　　　D. 知乎

4. 社交媒体的发展现状如何？

5. 社交媒体的发展有哪些趋势？

技能训练

"调研社交平台现状"技能训练表,见表 4-1。

表 4-1

学生姓名		学 号		所属班级	
课程名称			实训地点		
实训项目名称	调研社交平台现状		实训时间		
实训目的: 了解国内主流的社交平台的特点。					
实训要求: 1. 通过网络收集资料,了解国内主流的社交平台的特点。 2. 分别把它们的特点总结出来。					
实训截图过程:					
实训体会与总结:					
成绩评定(百分制)			指导老师签名		

二维码扫一扫,下载实训表格。

任务 4-2 探析社交平台的营销功能

了解了国内外的社交媒体平台后,小信发现国内的微信、微博社交平台的使用率很高,成为大多数公司的宣传阵地或者营销的重要渠道。小信决定继续深入了解这两个社交平台的营销功能。

知识目标：

1. 了解国内代表性社交平台营销的特点和优势。

2. 了解国内代表性的社交平台的营销功能。

技能目标：

1. 掌握微信的注册方法。

2. 掌握微博的注册方法。

思政目标：

1. 客观辩证地分析事物，不以偏概全。

2. 能从全局出发思考问题，观察入微。

4 学时。

注册微信公众号的步骤如下。

步骤1 电脑登录微信公众平台官网（https://mp.weixin.qq.com），点击"立即注册"按钮，如图 4-1 所示。注意：微信公众号只能在 PC 端登录注册，不能用手机端。

图 4-1

步骤2 选择注册的账号类型,有 4 种账号类型,可以根据自身情况选择。以订阅号为例,如图 4-2 所示。

图 4-2

步骤3 输入没有注册过公众号的邮箱,点击邮箱激活,获取认证码,输入认证码和密码信息,点击"注册"按钮,如图 4-3 所示。

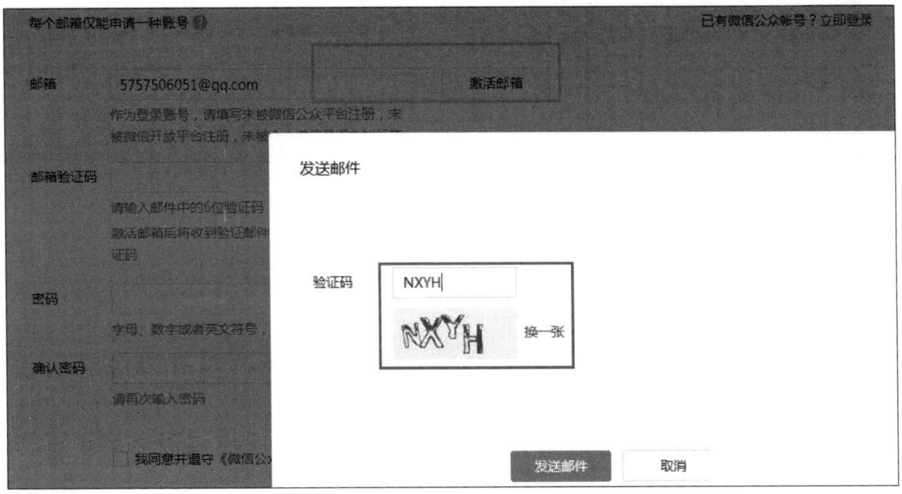

图 4-3

步骤4 选择注册地,可跳过,出现订阅号、服务号和企业微信的功能介绍,如图 4-4 所示。

图 4-4

步骤5 点击订阅号类型,弹出温馨提示"选择公众号类型之后不可更改,是否继续操作?",点击"确定"按钮,如图4-5所示。

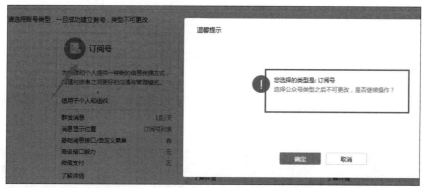

图 4-5

步骤6 登记信息,填写身份证、管理员信息,如图4-6所示。

图 4-6

步骤7 填写账号信息,包括公众号名称、功能介绍,选择运营地区,如图4-7所示。

图 4-7

完成以上步骤后，显示微信订阅号创建成功，其他类型的注册步骤大致相同。

在国内众多的社交媒体平台中，最有代表性、应用最为广泛的是微信和微博，下面以这两个平台为例，探析这类社交平台的营销功能。

一、微信营销功能分析

越来越多的用户使用微信聊天、晒朋友圈、阅读公众号文章，微信俨然已成为移动互联网的重要流量入口，承载着数十亿级的用户，这让很多企业开始重视微信营销。

1. 微信营销的基本功能

（1）微信昵称和个性签名。微信昵称和个性签名可以更新修改，个性签名功能最大的用处就是分享，将自己的点点滴滴通过签名分享给别人。微信昵称也是一个个性地展示自己的窗口。这两个地方是可以打入强制性广告的。例如，可以把名称修改成某公司某人，在个性签名处可以介绍自己公司的业务。头像可以放一张公司图片，如图4-8和图4-9所示。

（2）二维码。每个微信用户都拥有专属的二维码，要关注的话，只需要扫一扫，方便快捷。如今，二维码已经被越来越多地运用到商业活动中，把二维码放在商品包装、广告页等地方，吸引受众主动扫描，方便受众了解营销信息。优点是受众是主动扫描的，至少证明他对产品或者服务是感兴趣的，可以有针对性地诱导受众产生消费行为，如图4-10和图4-11所示，少儿线上课程的打卡图上都有二维码，只要扫一扫就可以进入。

图 4-8

图 4-9

图 4-10

图 4-11

（3）朋友圈。微信用户通过朋友圈将一些内容分享出去，有点类似微博的作用，为口碑式营销提供了最好的渠道。因为微信用户彼此间具有一定的亲密关系，所以产品被某个用户分享给好友后，相当于完成了一个有效的口碑营销。例如，线上机构用一些促销转发优惠等手段鼓励用户传播，鼓励用户每次学习完成后发朋友圈打卡，很多感兴趣的或有需求的朋友就会去关注甚至产生购买。

（4）微信公众号。微信公众平台（也就是微信公共平台）是腾讯公司在微信基础平台上新增的功能模块，通过这个平台，每个人都可以申请一个公众号进行自媒体活动，简单来说就是进行一对多的媒体性行为活动，如商家通过申请公众号二次开发展示商家微官网、微会员、微推送、微支付、微活动、微报名、微分享和微名片等，已经形成了一种主流的线上线下微信互动营销方式。订阅号类型（见图 4-12）和服务号类型（见图 4-13）均可以利用公众号营销渠道协助销售。

图 4-12

图 4-13

2. 微信营销的方法

（1）地理位置推送。微信可以通过"找朋友"功能，精确、快速地定位周边可到达店面的、潜在的微信群体，发布新店的开张地址、优惠活动和礼品赠送等信息，吸引更多使用微信的用户到场。如图 4-14 所示，可以分享自己的地址。

图 4-14

(2)社交分享。

1)构建微信公众平台。通过在人群中筛选具有共同消费理念和水平的客户群体,来构建微信公众平台,形成定向的销售和消费。内容可以是不同的生活休闲娱乐、购买需要和服务需要。商家可以利用这个公众平台重点维护这批客户群体,有重点地宣传商品和提供高质量的售后服务。企业在利用这个公众平台营销的同时,还可以对外塑造良好的企业形象。

2)朋友圈分享。朋友圈分享具有方便、快速的特点,而且形式可以多样化,图片、文字、链接、视频和音频等均可以。如商家经常使用集赞推广,集够多少个赞,或者分享到多少个朋友圈,截图给商家就可以获得一定的优惠。

3)官方微信平台推广。商家通过建设官方微信号平台植入产品介绍、优惠宣传等广告形式,从而充分地打造自身品牌,建立对客户关系的维持网络,这样能方便客户直接查看产品信息和了解行业动态,而且能随时随地进行语音视频。另外,线下结合微信公众号宣传,进行同步营销,提高了营销的效果,起到了良好的宣传作用。

二、微博营销功能分析

随着社交媒体网络效应的扩大和服务能力的提升,微博已成为品牌客户的营销标配。

(1)内容营销。微博用户像其他社交平台的用户一样,可以发布信息,每条信息不超过140个字符。企业可以利用这个功能发布一些企业的宣传信息,或者结合热点问题参与一些话题讨论,发布实用、有趣的内容,吸引用户关注,达到宣传的效果。

(2)活动营销。微博也进行活动营销,可以定期开展相应的微博营销活动,吸引新粉丝,对老粉丝进行回馈。例如,节假日促销就可以在微博上进行,对最先的转发者进行奖励,让粉丝帮忙传播信息,吸引关注度,或者有奖征集,通过征集某一问题的解决方法吸引参与,常见的有奖征集主题有广告语、段子、祝福语和创意点子等,调动用户的兴趣来参与,并通过获得奖品吸引参与。或者有奖调查,主要用于收集用户的反馈意见,一般不是直接以宣传或销售为目的要求粉丝回答问题,而是转发和回复微博后就可以有机会参与抽奖。

(3)话题事件营销。微博有搜索话题、加入话题讨论的功能。用户可以用两个"#"之间插入某一话题,如#某一话题#,当点击博文中#某一话题#,系统会自动搜索出所有包含#某一话题#的相关微博。可以展开讨论实现信息的集合,可以策划一个相应的火爆话题在微博上进行讨论,可以针对一篇新闻、一个热门词汇来发起话题,并邀请朋友一起参加讨论,一个火爆的话题肯定会引起众多网友的加入,或者借用热点话题进行评论。

(4)名人效应。微博的@功能,可以加强微博发布的针对性,可以关注一些行业名人微博,并经常同他们进行交流,@他们以得到他们的回复,如果能得到这些人的回复转发,对企业产品形象的宣传会有很大的帮助。

(5) 情感营销。善用大众热门话题如#疫情#,因为它适合微博上的每个人,并且回应时事热点,增加微博的社会实事参与度。或者参与公益微博的转发,树立良好的企业形象。

1. 社交平台的营销功能有一定的共性,但也有一些区别,所以,如果要做社交平台的营销,除了主流的微博、微信,也应该兼顾其他的社交平台,如论坛、知乎和QQ等。
2. 注册微信公众号之前要先想好是注册服务号还是订阅号,一旦注册是不能更改的。
3. 同一个邮箱只能绑定微信产品的一种账号,注册时显示邮箱已被占用,可以尝试解绑或修改绑定的邮箱后再用于注册。

知识训练

1. 下面( )不是微博营销的优势。[单选]
A. 传播速度快 B. 成本低
C. 形式多样 D. 可以精准定位
2. 微博用( )符号加话题关键词可以加入话题的讨论。[单选]
A. @ B. $ C. # D. &
3. 发布微博信息每条不超过多少个字符?( )。[单选]
A. 200 B. 140 C. 180 D. 300
4. 微信营销有什么优势?
5. 微博营销有什么优势?

技能训练

"探析社交平台的营销功能"技能训练表,见表4-2。

表 4-2

学生姓名		学 号		所属班级	
课程名称			实训地点		
实训项目名称	探析社交平台的营销功能		实训时间		

（续表）

实训目的： 掌握微信公众号的注册。			
实训要求： 自己注册一个微信订阅号。			
实训截图过程：			
实训体会与总结：			
成绩评定（百分制）		指导老师签名	

二维码扫一扫，下载实训表格。

表4-2

项目 5
微信公众号图文创作与运营

艾媒咨询数据显示，2019年中国微信公众号的数量超过2 000万个。在过去的两年里，微信公众号已经从最初的野蛮生长逐渐转变为国内新媒体行业领先且专业化的流量平台。回顾过去一年中发生的重大事件，大多都会通过公众号完成事件发酵、深度解读和裂变传播的过程。虽然近几年短视频的兴起分散了用户的部分关注，公众号文章的打开率也在逐渐下滑，但无论是在传统媒体还是在互联网时代，图文和视频都是并行的，对于内容创业者和广告主来说，微信公众平台依然是内容输出与变现的重要途径。

项目提要

本项目以微信公众号图文创作与运营为例，分别从微信公众号的定位、建设基础框架、规划与撰写内容、推广这4个任务，具体分解微信公众号的图文创作与运营。

项目思维导图

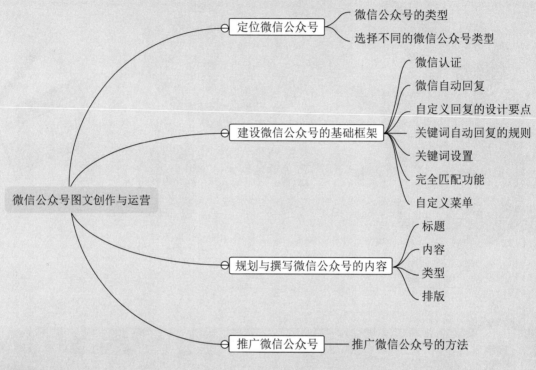

引例

小艺吃完晚饭,坐在沙发上拿起手机,打开订阅号列表,开始阅读她关注的公众号文章。她关注的领域有很多种,如新闻时事类、职场生活类和情感生活类等,从中能获取当天最新的资讯、当下热点和当下话题等,她发现有些推文在文章底部有广告的投放,有些文章有超过 10 万的阅读量,有些能看出文章中有明显的植入广告。她也听说过运营好公众号,接商务订单收入也不错,想想自己,平时也喜欢写东西,日常上班又比较清闲,是不是也可以做公众号?具体要怎么做?如何运营账号?

建议学时

10 学时。

任务 5-1　定位微信公众号

小艺真正决定做公众号的时候又有些迷茫。选择时事新闻类的？肯定不如专业新闻媒体！选择情感类的？情感心理很难把控！选择美食类的？选择旅游类的？选择美妆类的？……很难抉择！都说定位是首要的，如何找准微信公众号的定位呢？

知识目标：
1. 了解微信公众号的类型。
2. 了解不同类型的微信公众号的特点。

技能目标：
掌握微信公众号定位的方法。

思政目标：
1. 能够客观地分析事物的特点。
2. 正视自己的优劣势，清晰自己的定位。

2 学时。

步骤1 明确运营目的。运营公众号前首先要明白运营目的是什么？是想做客户服务、品牌推广、销售、资讯发布，还是想做自媒体？

步骤2 选择公众号的类型。选择订阅号，还是服务号？订阅号的定位是以用户提供信息和资讯为主，旨在为用户提供信息。服务号的定位是以服务功能为主，旨在为用户提供服务。

订阅号与服务号的具体区别，见表 5-1。

表 5-1

订 阅 号	服 务 号
每天（即 24h 内）可以发送一组最多向 8 个主题群发信息	一个月（自然月）内可以发送 4 条群发信息
发给粉丝的信息，显示在订阅户的"订阅号"文件夹中	发给用户的信息，会显示在用户的聊天列表中，并且在发送信息给用户时，用户将及时收到信息提醒
不能申请自定义菜单，无微信钱包的移动支付功能	可以申请自定义菜单，可以进行第三方开发，可以有微信钱包的移动支付功能
不能开通微信商铺	可以开通微信商铺，简单获得支付权限后就可以设立卖东西的微信小店，也可以是第三方开发者介入的微商城

步骤3 分析行业竞争环境与格局。分析所在行业现有的竞争格局，哪些是别人已经做得很好的了，哪些是别人做得少的，哪些是别人没有去做、竞争不激烈的。

步骤4 定位目标用户。定位目标用户前，需要明白：永远无法满足所有人的需求，所以选定目标人群切忌宽泛。定位目标用户时，可以按照地域、年龄和性别等划分，或者按照兴趣爱好、职业特征等划分，再分析该人群的爱好和需求。针对此类人的其他公众号都有哪些？它们是如何做的？

步骤5 定位内容方向。定位内容方向要做的就是确定给网友提供什么类型的内容。如果是商业品牌，就要确定围绕产品和服务本身微信公众号能做什么。如果是个人公众号，可以参考：①自己感兴趣或擅长的领域。②对用户有实际用处的内容。③八卦娱乐圈（流量大）的内容。④情感类、鸡汤类的内容。⑤从事过的行业或学习过的专业。⑥自媒体平台喜欢的内容，如原创度高的、其他作者写得比较少的内容。

步骤6 分析自身具备的资源。自身是否有足够的资源保证可以持续地进行内容输出，这一点是需要考虑的。如果想选择搞笑视频，是否有拍摄、剪辑与配音的优势？如果没有特别的优势，还是考虑做自己最擅长的同时又有资源支持的方向会更顺利。

一、微信公众号的类型

作为两种不同的消息传播平台，订阅号和服务号有着不同的功能和特点，正确认识二者的区别是进行微信公众号营销的前提。

1. 订阅号

订阅号以为用户提供信息和资讯为主,所以,以发布文章、咨询为主的企业就非常适合做订阅号,如央视等传统媒体以及新兴的自媒体等。

功能方面,订阅号每天(24h)可以发送一条群发信息,发给订阅用户、粉丝的消息,将会显示在对方的"订阅号"文件夹中,在订阅用户、粉丝的通讯录中,如图5-1所示。

图 5-1

2. 服务号

服务号以服务为主,旨在为用户提供服务,最适合需要提供各种服务的企业,如银行、酒店、航空和政府等,如图5-2所示。

图 5-2

功能方面，服务号和订阅号也有一些差异。例如，服务号每个月只能群发 4 条消息，与订阅号每天可以群发一条消息相比，要少很多；但是服务号群发消息的时候，用户的手机会像收到短信一样接收到消息，并显示在用户的聊天列表中，而订阅号发消息，只会出现在订阅号的文件夹中。服务号认证后可以支持高级接口，高级接口能够获取和分析用户信息等，而订阅号无法获得高级接口。

服务号的使用门槛较高，不像订阅号马上申请、马上可以使用。这是因为，企业在使用服务号时，需要针对企业自身需要进行相关功能的开发，需要企业具备一定的技术能力，或者拿出一定的预算请专业公司协助。

服务号的定位聚集在"服务"上，所以，其在企业的营销过程中扮演的角色也比较固定，不像订阅号或个人号那样可以在不同的层面灵活运用，其主要的作用和价值就体现在针对用户的服务上。企业在营销的过程中，可以通过服务号为用户提供更好的服务体验，继而增加用户对企业的认可度，通过服务号黏住用户，最终让用户产生复购并成为企业的粉丝。服务号、订阅号的功能区别，见表 5-2。

表 5-2

功能权限	普通订阅号	微信认证订阅号	普通服务号	微信认证服务号
消息直接显示在好友对话列表中			✓	✓
消息显示在"订阅号"文件夹中	✓	✓		
每天可以群发一条信息	✓	✓		
每个月可以群发 4 条信息			✓	✓
无限制群发				
保密消息禁止转发				
关注时验证身份				
基本的消息接收/运营接口	✓	✓	✓	✓
聊天界面底部，自定义菜单	✓	✓	✓	✓
定制应用				
高级接口能力		部分支持		✓
微信支付功能		部分支持		✓

二者的界面之间的区别，如图 5-3 所示。

微信订阅号和微信服务号功能不同，各有特色，企业在进行微信营销时，要根据实际业务需要和用户的需求来灵活选用订阅号和服务号。

简单来说，如果想简单地发送消息、宣传推广以达到宣传效果，可选用订阅号。如果想用公众号获得更多的功能，如开通微信支付、进行商品销售，建议申请服务号，后续认证后可再申请微信支付商户。

图 5-3

二、选择不同的微信公众号类型

不同的公众号运营的目的，对应不同的微信公众号类型。通常，企业公众号的运营目的包括客户服务、品牌推广、销售和资讯发布等。企业运营的公众号类型有以下 5 种。

1. 客户服务型公众号

客户服务型公众号主要面对销售型企业或者公众服务行业，是为了给用户提供优质的服务而创建的，目的是为了增加用户的消费体验或产品体验，继而提升口碑，增加用户黏性，产生复购。客户服务型公众号主要依托目前微信平台的各种开放接口，集成企业的 CRM 系统，变成微信端的客户服务，如银行、连锁店的公众号。此类公众号能够为用户带来持续性服务，实现动态跟踪。

2. 品牌推广型公众号

品牌推广型公众号主要是为了打造公司的品牌形象，传递企业理念、企业动态，让目标用户全面地了解企业，对企业有深刻的认识，以引起品牌共鸣，达到企业销量提升、品牌知名度增加的目的。

3. 销售型公众号

销售型公众号主要是利用微信的支付便捷性来打造微信销售或促销平台，如常见的微商或者汽车客运站的公众号，都可以实现在公众号下的订单付款，大大提高了销售的便捷性，提高了企业的销量。

4. 媒体资讯发布型公众号

媒体资讯发布型公众号旨在将公众号当成一个媒体去打造和运营，各种媒体的官方公众号通常都属于这种类型。对于想打造自媒体的企业、个人来说，非此类莫属。他们通过微信公众号发布最新资讯，根据不同行业、不同领域撰写不同的深度文章，内容具有即时性、真实性、深入性等特点。这类平台适合打造成行业或者个别领域内的资讯解读平台，将现有的用户和流量导入公众号，让粉丝更方便、快捷地获取最新资讯。

5. 个人自媒体

个人自媒体属于微信公众平台最多的类型之一，但不是很适合企业。很多行业内比较出名的个人自媒体，如李子柒、罗辑思维等，它们的粉丝多来自个人原有影响力带来的忠实粉丝。

1. 定位必须要明确。一开始就定好位，除了创作内容、运营方向明晰，粉丝更加精准，后期结合商业模式也会更加丰富。定位经常变换，很难吸引精准粉丝订阅，即使有粉丝后期也很难转化。

2. 订阅号升级服务号功能已下线，订阅号目前不能升级为服务号。服务号不可变更成订阅号。

▶ 知识训练

1. 如果想简单地发送消息，做宣传推广服务，达到宣传效果，可选择（　　）。[单选]
   A. 订阅号　　　　　B. 服务号　　　　　C. 企业微信　　　　D. 朋友圈

2. 如果想有更多的接口和功能应用，想开通微信支付进行商品销售，应该选择（　　）。[单选]
   A. 订阅号　　　　　B. 服务号　　　　　C. 企业微信　　　　D. 朋友圈

3. 按照地域、年龄、性别等划分，或者按照兴趣爱好、职业特征等划分来找出公众号的目标人群，属于（　　）。[单选]
   A. 内容定位　　　B. 目标人群定位　　　C. 运营目的定位　　　D. 行业竞争环境定位

4. 订阅号每天（24h）可以发送（　　）条群发信息。[单选]
   A. 1　　　　　　B. 4　　　　　　C. 10　　　　　　D. 30

5. 客户服务类型的公众号有什么特点？

6. 媒体资讯发布类型的公众号有什么特点？

| 技能训练 |

"定位微信公众号"技能训练表,见表5-3。

表 5-3

学生姓名		学 号		所属班级	
课程名称			实训地点		
实训项目名称	定位微信公众号		实训时间		
实训目的: 熟练掌握微信公众号的定位方法。					
实训要求: 1. 做一个你想做的公众号。 2. 经过上面的分析,确定你的公众号定位。					
实训截图过程:					
实训体会与总结:					
成绩评定(百分制)			指导老师签名		

二维码扫一扫,下载实训表格。

任务 5-2 建设微信公众号的基础框架

小艺已明确了微信公众号的定位,搭建了基础框架雏形。接下来,她开始创作内容,但却发现不会操作基础框架中的公众号基础设置、自动回复设置和自定义菜单等。一系列操作层面的问题,让她无法继续。她很希望向有操作经验的人请教,或者有人能提供一份较详细的实践教程来指导她。

知识目标：

1. 了解公众号的基本设置。

2. 了解自动回复和自定义菜单的基础知识。

技能目标：

1. 掌握公众号的基本设置。

2. 掌握公众号的自动回复设置。

3. 掌握公众号的自定义菜单设置。

思政目标：

1. 实践出真知，要主动进行实践。

2. 实事求是，脚踏实地。

2 学时。

一、设置公众号

注册完成后，登录公众号，执行"设置"—"公众号设置"—"账号详情"。

在"账号详情"中，对公开信息、头像、名称、微信号、介绍和所在地等信息进行设置，如图 5-4 所示。

步骤1 选择"修改头像"，点击"选择图片"按钮，选择图片，生成"头像预览"，点击"下一步"按钮，如图 5-5 所示。

图 5-4

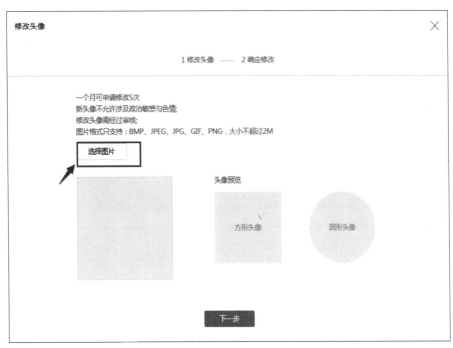

图 5-5

步骤2 选择"修改名称",可以修改公众号名称。修改名称需要身份验证,请使用账号主体微信扫描二维码。经过认证后才能修改名称,需要用绑定了本人银行卡的微信扫描二维码,如图5-6所示。

图 5-6

步骤3 选择"修改功能介绍",可以对之前的介绍进行修改。审核通过后,才能使用新的功能介绍,审核时间一般为三个工作日,如图 5-7 所示。

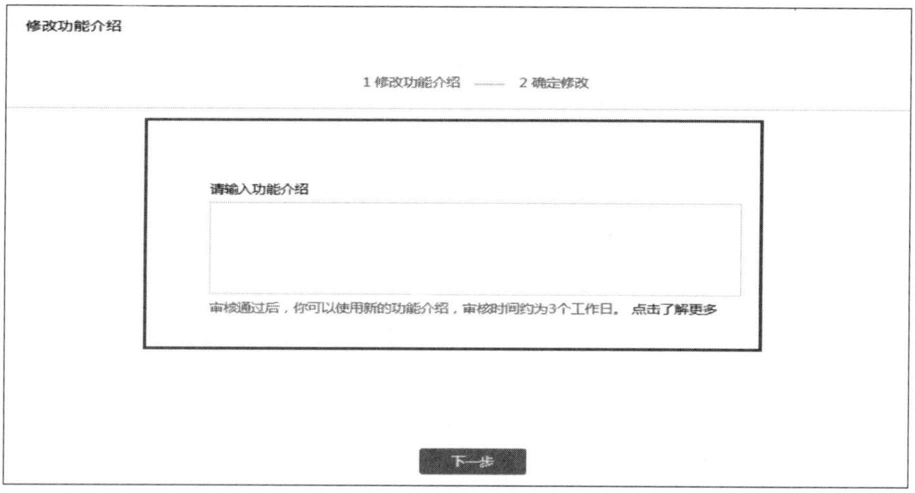

图 5-7

步骤4 微信认证。账号主体为个人,无法开通微信认证。微信公众号平台申请微信认证需一次性支付 300 元的审核服务费用。无论成功或失败,认证都需要支付给第三方审核机构费用(审核服务费)。

(1)同意协议。同意并遵守《微信公众平台认证服务协议》,如图 5-8 所示。

(2)填写资料。选择企业、媒体、政府及事业单位或其他组织。根据账号申请需要,填写相关资料,如图 5-9 所示。

项目5 微信公众号图文创作与运营

图 5-8

图 5-9

（3）选择"命名方式"，并提交相关资料。如果申请的认证账号名称不符合规则，会有机构审核人员联系你沟通修改，符合规则后才能通过认证审核，点击"下一步"按钮，如图 5-10 所示。

图 5-10

（4）填写发票。需要开具发票时要填写相关信息，不需要发票时请选择"不开具发票"，直接点击"保存"，如图 5-11 所示。

图 5-11

（5）支付费用。使用微信扫描二维码完成支付，点击"付款"按钮，如图 5-12 所示。

项目 5　微信公众号图文创作与运营

图　5-12

二、微信自动回复设置

步骤1 打开微信公众号后台,点击左上角的"自动回复"按钮,开启右边的"自动回复"按钮,设置自动回复的内容,如图 5-13 所示。

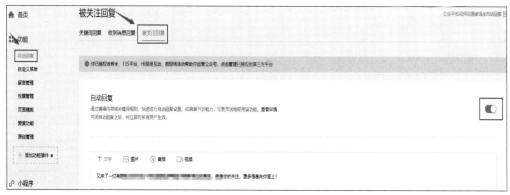

图　5-13

步骤2 输入规则名称,点击关键词,添加回复,此操作内部可见。该步骤中最主要的是输入的"关键词",根据需要设置它的匹配方式,如图5-14所示。

图 5-14

步骤3 选择"收到消息回复",可选择文字、图片、音频或视频这4种方式设置自动回复的内容。注意,此处只能设置一条,如果想换成其他回复,只能修改原来的回复信息,如图5-15所示。

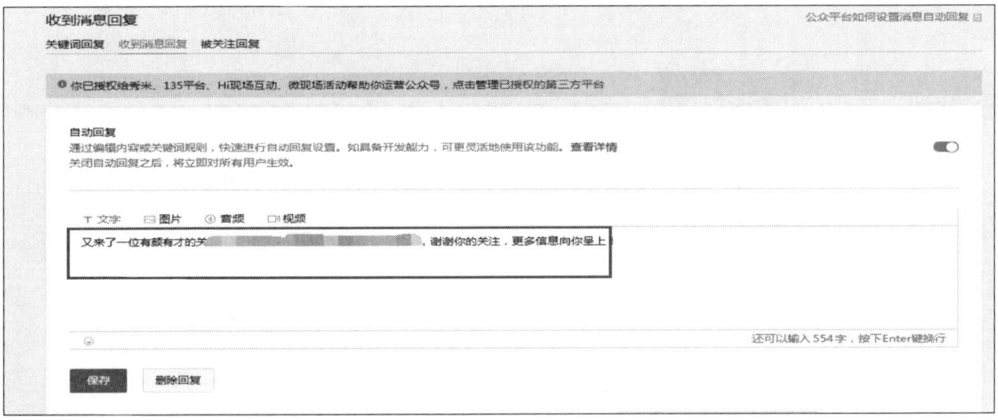

图 5-15

步骤4 点击"被关注回复"按钮,可通过文字、图片、音频或视频这4种方式设置自动回复的内容。注意,此处只能设置一条,如果想换成其他回复,只能修改原来的回复信息,如图5-16所示。

图 5-16

三、自定义菜单设置

步骤1 选择"自定义菜单"选项,出现模拟的手机端展示页。点击"菜单名称",可输入想要设置的菜单名,如图 5-17 所示。

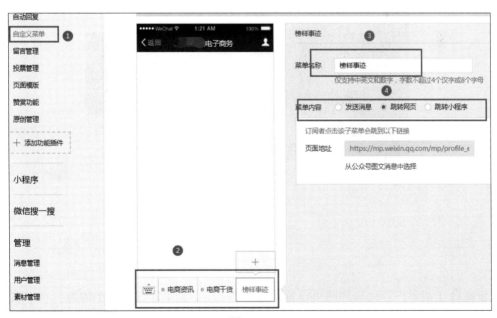

图 5-17

步骤2 点开每一个一级"菜单名称",均可添加子菜单,如图 5-18 所示。

图 5-18

步骤3 子菜单内容跳转到消息设置。选择"点击子菜单"—"菜单内容"—"发送信息"—"图文信息",可以创建一个图文信息,或者从素材库里面选择一个图文信息,最多设置一个单图文消息或多图文消息,如图5-19所示。

图 5-19

步骤4 子菜单内容跳转到网页设置。选择"点击子菜单"—"菜单内容"—"跳转到网页",可以输入要跳转的网页地址。对于非认证订阅号,自定义菜单动作仅支持跳转至素材管理或历史消息,不支持跳转至外部链接,如图5-20所示。

项目 5 微信公众号图文创作与运营

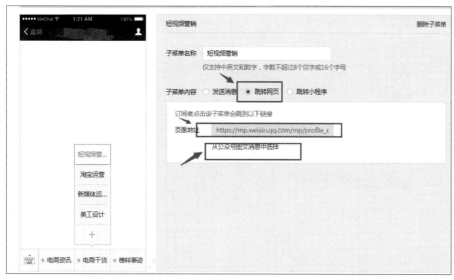

图 5-20

步骤5 如果不是跳转到网页，选择网页地址下方的"从公众号图文消息中选择"选项，里面有已发送、素材库、历史消息和页面模板这 4 种选择。选择"已发送"，可以选择往期消息，只能选一条，如图 5-21 所示。

图 5-21

步骤6 选择"素材库"，可以选择已经编辑好的图文。注意，此处只能选一条，如图 5-22 所示。

107

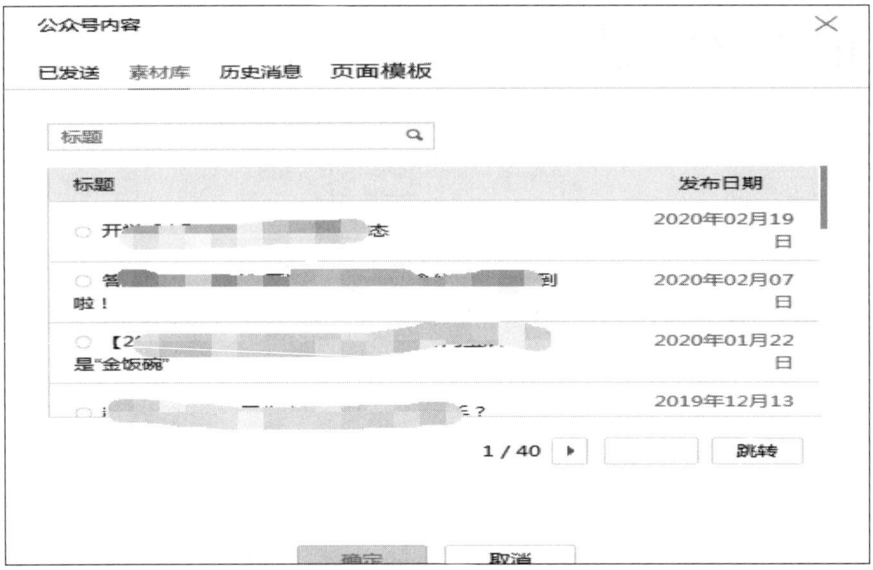

图 5-22

步骤7 选择"历史信息"选项,跳转到"历史消息"页面,已经发送的所有群发过的图文都会展示出来,勾选"跳转到历史消息列表",如图 5-23 所示。

图 5-23

步骤8 所有的菜单设置好之后,可以预览,但只有点击"保存"按钮,才能被用户看得到。

一、微信认证

微信认证是指微信公众平台为了确保公众账号信息的真实性、安全性,目前提供给微信公众号进行微信认证的服务。微信认证后,能获得更丰富的高级接口,能向用户提供更有价值的个性化服务。微信认证成功后,公众账号资料"认证详情"中会展示认证资料以及微信认证特有的标识,暂不支持取消。订阅号和服务号不同的认证情况,见表5-4。

表 5-4

账号类型	微信认证费用	微信认证后的特权
订阅号	政府及部分组织(如基金会、国外政府机构驻华代表处)免收认证费用;其他类型的认证需要缴纳300元/次。期限为1年	1. 自定义菜单(可设置跳转至外部链接,设置纯文本消息) 2. 可使用部分开发接口 3. 可申请广告主功能 4. 可申请卡券功能 5. 可申请多客服功能 6. 公众号头像及详细资料中会显示加"V"标识
服务号		1. 全部高级开发接口 2. 可申请开通微信支付功能 3. 可申请开通微信小店 4. 可申请广告主功能 5. 可申请卡券功能 6. 可申请多客服功能 7. 公众号头像及详细资料中会显示加"V"标识

温馨提示:1. 个人类型公众号暂不支持微信认证(2014年8月24日前注册成功且条件满足的公众号可以认证)。2. 政府与媒体类订阅号认证后可申请微信支付。3. 申请微信认证,填写的认证主体与当前公众号主体信息应保持一致,否则可能无法通过审核。

二、微信自动回复

自动回复有三种,分别是"被关注回复""收到消息回复"和"关键词回复"。自动回复的引导词要结合整个公众号的定位和整体的运营方案来设置,每一步都要给用户清晰的指引,三种回复情况如图5-24所示。

| 被关注回复 | 收到消息回复 | 关键词回复 |

图 5-24

三、自定义回复的设计要点

（1）被添加自动回复。被添加自动回复是指用户关注了一个公众号后，自动推送给用户的消息。设置添加自动回复时，要注意以下几个要点。

1）文字不要过多，不要超过一个手机屏幕的长度。

2）文字高度概括和精练，能够准确定位公众号的主题、内容、特点、提供的内容或服务等。

3）格式规范，符合排版要求，该换行换行，该分段分段。

4）适当使用表情，会让文章生动很多。

5）如果内容太多，可以配合"关键词自动回复"，让用户输入关键词来获取内容，比如回复1了解公司介绍，回复2获取系列产品。

（2）消息自动回复。在微信公众号平台设置用户消息回复后，当粉丝给你发送微信消息时，系统会自动将你设置的信息回复给用户。它与 QQ 离线时的自动回复信息的表现形式一样。该功能通常在以下几种情况下使用。

1）原公众号废弃。重新建立新公众号后可以设置一个自动回复功能，无论用户回复什么，都提醒用户关注新公众号。

2）公众号主人因为某种原因无法处理账号信息，此时可以设置一个自动回复功能，让用户通过其他方式联系主人或管理员。

3）如果把公众号当作客服平台来使用，那么在非上班时间，或者客服不在线的情况下，通过自动回复功能告知用户。

（3）关键词自动回复。关键词自动回复是指当用户输入特定的关键词时，系统将指定内容推送给用户。这个功能的应用最广泛，可以实现的效果也最多，具体如下。

1）智能应答机。如果公众号是以服务或者给用户解答问题为主，那么可以将一些常见问题设置成关键词自动回复，这样就能够像智能机器人一样，实现自动应答的效果。

2）代替导航栏。非认证的公众号是无法使用导航栏功能的。此时将栏目以关键词自动回复的形式呈现给用户，如回复 1 查看公司介绍，回复 2 查看产品目录，回复 3 查看产品介绍等。

四、关键词自动回复的规则

（1）字数限制。微信公众平台认证与非认证用户的关键词自动回复规定上限为 200 条规则（每条规则名，最多可设置 60 个汉字），每条规则内最多设置 10 条关键词（每条关键词，最多可设置 30 个汉字）、5 条回复（每条回复，最多可设置 300 个汉字）。

（2）规则设置。通过微信公众平台设置多个关键词，如订阅用户发送的信息中含有设置的关键词，系统则会自动回复。

同一规则中可设置 5 条回复内容，如设置了"回复全部"，粉丝、用户发送信息中含有设置的关键词，会把设置的多条回复全部发送，若未设置"回复全部"，则会随机回复。

五、关键词设置

（1）每个规则里可设置 10 个关键词，如果设置了相同的关键字，但回复内容不同，系统会随机回复。

（2）每个规则里可设置 5 条回复内容，如果设置了多个回复内容（没有设置"回复全部"），系统会随机回复。

（3）关键词在设置时使用回车来分隔，输入回车可添加多个关键词，每个关键词少于 30 个字符，不能使用逗号、分号、顿号、句号进行区分。

六、完全匹配功能

（1）若选择了全匹配，在编辑页面则会显示"全匹配"，对方发送的内容与设置的关键词必须完全一样，才会触发关键字回复。例如，设置"点我抽奖"，必须回复"点我抽奖"才会触发关键词回复。

（2）若选择了半匹配，在编辑页面则会显示"半匹配"，只要对方发送的内容中包含设置的完整关键词，就会触发关键词回复给对方。例如，设置"点我抽奖"，回复"请点我抽奖"会触发关键词回复，但回复不完整的关键词"抽奖"则不会触发。

七、自定义菜单

公众号可以在会话界面底部设置自定义菜单，菜单项可按需设定。

微信公众平台自定义菜单,最多创建三个一级菜单,一级菜单名称不多于4个汉字或8个字母。每个一级菜单下的子菜单最多可创建5个子菜单,菜单名称不多于8个汉字或16个字母。在子菜单下可设置动作,可发送信息类型包括文字、图片、音频、视频和图文消息等。但未认证订阅号暂时不支持文字类型。所有的公众号均可在自定义菜单中直接选择素材库中的图文消息作为跳转到网页的对象。认证订阅和服务号还可直接输入网址。编辑中的菜单不会马上被用户看到,点击发布后,会在24h后在手机端同步显示,粉丝不会收到更新提示,若多次编辑,以最后一次保存为准。

经验分享

1. 微信头像非常重要,辨识度高的头像具有品牌识别作用,降低认知成本,这是微信公众号风格的延伸。

2. 头像可以选择Logo型、文字型、个人照片型和卡通图像型等。

3. 公众号的名称,尽可能符合用户的搜索习惯,能直观地体现账号定位。不要使用生僻字词、不要过于天马行空、不要过于宽泛。

4. 目前,个人类型的公众号一年内可修改两次名称,企业、媒体、政府和其他组织可以在微信认证过程中有一次重新提交命名的机会。

5. 微信号名称设置得越短越好,越短越利于传播、利于记忆。微信名称不能重复,一个自然年只能修改一次。

6. 用户认证成功后,其认证账号名称、认证标识及认证信息将会被保留一年(自认证成功之日起计算,一年内有效)。

7. 设置自动回复可以从以下三个方向入手。

(1)增加用户对公众号的认知,可以通过被关注回复,告诉用户你的公众号有哪些内容、服务、习惯和个性。

(2)增加用户的互动方向。可以进行用户关注渠道调查、引导回复关键词、引导查看历史消息、引导点击菜单和资料下载等。

(3)引流方向。给自己的网站、店铺、客户端或者产品和作品的购买网站引流、推广APP——直接在被添加的自动回复之中给出URL、推广APP——提示用户通过回复关键词到应用商店搜索和在自定义菜单等方式下载相关账号矩阵等引流方向。

8. 自定义菜单非常重要,它是展示公众号内容或者服务的窗口。用户关注某公众号,大多是通过一级、二级菜单,判断该公众号对自己有没有用。

9. 重要的菜单放在最前面,优先展示给用户、粉丝。

同步训练

知识训练

1. 目前，个人类型公众号一年内可修改（　　）次名称。[单选]
   A. 1　　　　　　　B. 2　　　　　　　C. 3　　　　　　　D. 4

2. 微信公众号平台自定义菜单，最多创建（　　）个一级菜单，每个一级菜单最多可创建（　　）个子菜单。[单选]
   A. 2，3　　　　　B. 3，4　　　　　C. 3，5　　　　　D. 4，3

3. 消息自动回复可以设置（　　）条信息回复。[单选]
   A. 1　　　　　　　B. 2　　　　　　　C. 3　　　　　　　D. 4

4. 微信认证除了政府和部分组织，每次认证都要缴纳（　　）元认证服务费。[单选]
   A. 100　　　　　B. 200　　　　　C. 300　　　　　D. 400

5. 微信自动回复各有什么特点？

6. 微信公众号的关键词自动回复是如何匹配关键词的？

技能训练

"建设微信公众号的基础框架"技能训练表，见表5-5。

表 5-5

学生姓名		学　号		所属班级	
课程名称				实训地点	
实训项目名称	建设微信公众号的基础框架			实训时间	
实训目的： 熟练掌握微信公众号的基础框架建设。					
实训要求： 1. 设置微信公众号，设置公众号的头像、名称、微信号和微信介绍。 2. 设置"被关注回复""收到消息回复""关键词回复"。 3. 设置自定义菜单。					
实训截图过程：					
实训体会与总结：					
成绩评定（百分制）			指导老师签名		

二维码扫一扫，下载实训表格。

任务 5-3　规划与撰写微信公众号的内容

小艺的微信公众号已注册多日，到了可以发布内容的时间了。小艺想尽早开始发布内容，可她不知道如何规划内容、发布图文、编辑排版……诸多问题接踵而至。

知识目标：

1. 了解微信公众号的消息的种类。
2. 了解不同的第三方图文编辑器。

技能目标：

1. 掌握微信公众号群发图文信息的方法。
2. 能熟练掌握第三方编辑工具图文排版信息。
3. 掌握创作图文信息的技巧。

思政目标：

1. 能做到实事求是，认真观察不同的事物。
2. 学以致用，多实践。

4 学时。

一、群发图文

步骤 1 登录微信公众平台官网（https://mp.weixin.qq.com），账号验证通过后，点开"新建群发"按钮，如图 5-25 所示。

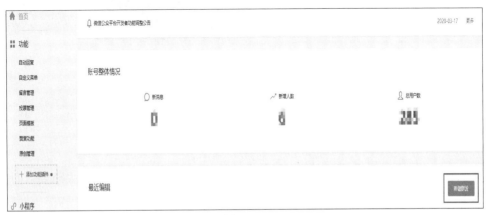

图 5-25

步骤 2 新建群发，内容可以是图文消息、文字、图片、音频和视频。可以根据账号需要选择"从素材库选择"，如图 5-26 所示。

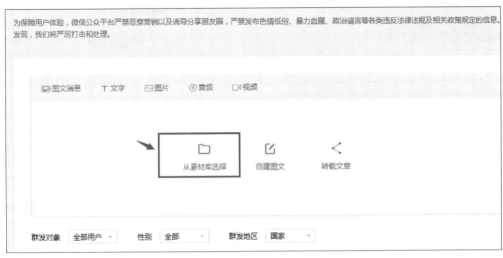

图 5-26

步骤 3 从素材库选择已经建好的图文，如图 5-27 所示。

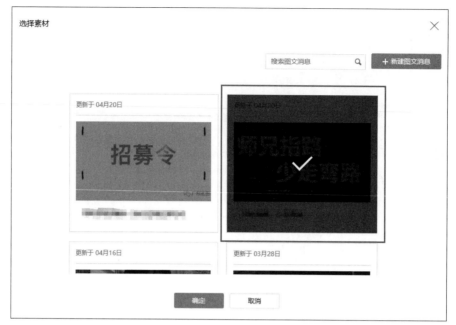

图 5-27

步骤4 选择"自建图文"选项，输入标题、作者，然后编辑正文。如果想要版面美观，建议用第三方编辑器编辑，如图 5-28 所示。

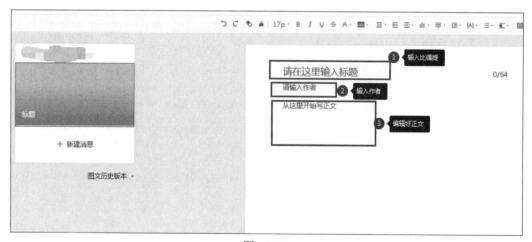

图 5-28

步骤5 制作封面和摘要。封面图片可以选"从正文中选择""从图片库选择"中的一种。摘要内容会自动抓取正文内容的前 54 个字，如图 5-29 所示。

步骤6 如果文章是原创，点击"声明原创"，签署原创协议，填写相关信息，如图 5-30 所示。

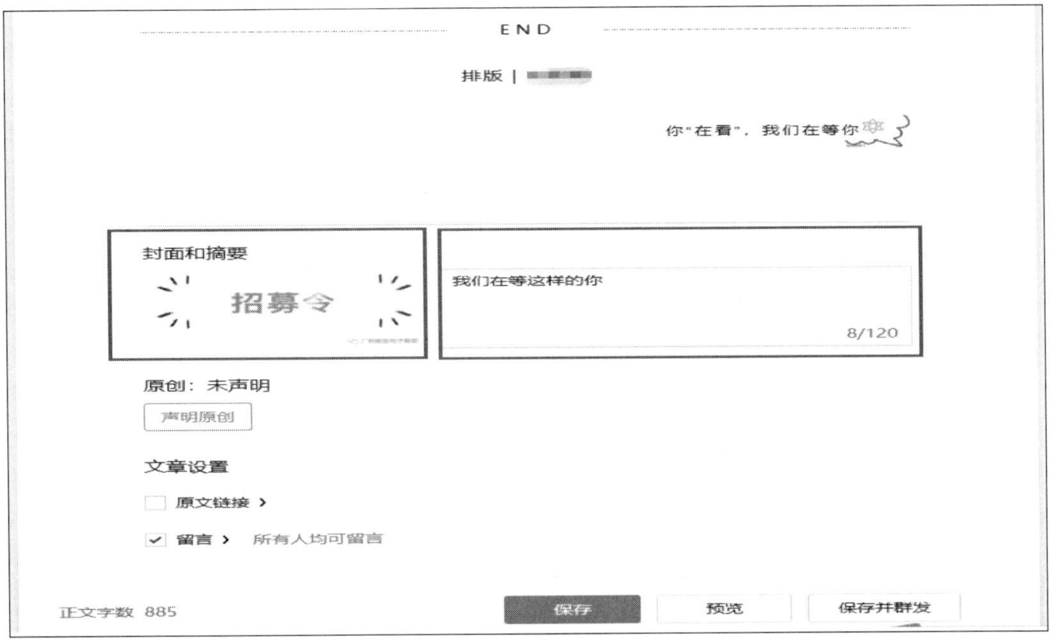

图 5-29

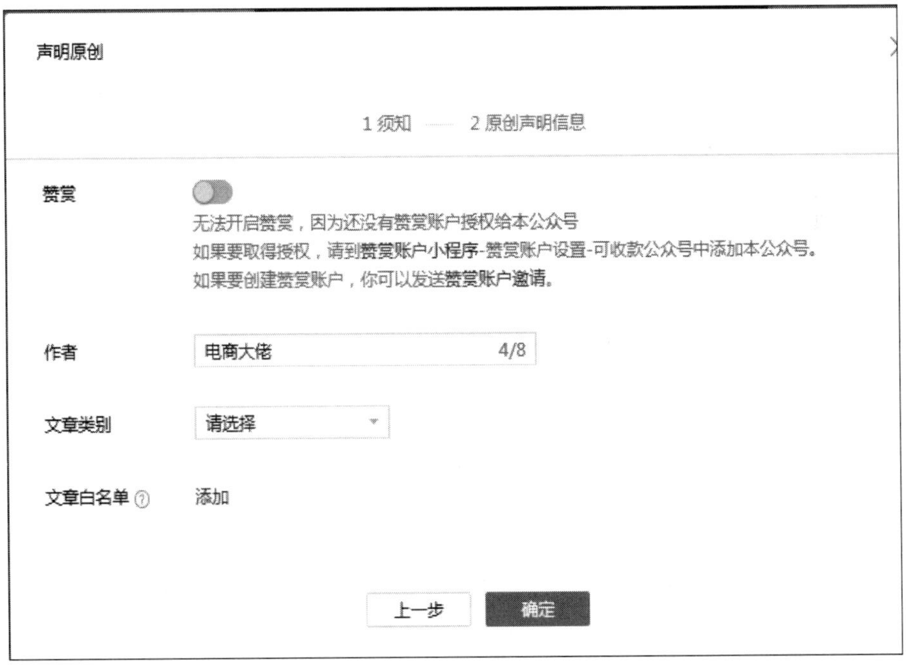

图 5-30

步骤7 编辑、完善正文内容，确定无误后，可选择"群发"或"定时群发"。点击"群发"按钮，根据账号需要选择群发的对象、性别和地区；也可以点击"定时群发"按钮，在某个特定时间点群发，如图 5-31 所示。

图 5-31

二、用排版工具编辑图文

第三方的排版工具有很多,下面以秀米编辑器为例进行演示。

步骤1 登录秀米编辑器(http://xiumi.us)。注册登录后,进入"我的秀米",点击"风格排版"按钮,出现各式各样的模板,有免费和付费的,如图5-32所示。

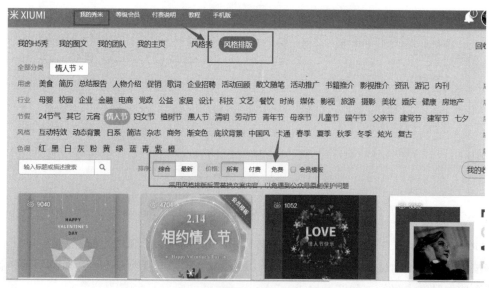

图 5-32

步骤2 通过关键词搜索模板，如挑选"校园"，会出现多种模板可供选择，如图5-33所示。

图 5-33

步骤3 选择符合该账号的风格模板，点击"预览"按钮，如图5-34所示。

图 5-34

步骤4 确认后点击右下角"另存为自己"按钮，另存成功后点击"确定"按钮，如图5-35和图5-36所示。

步骤5 点击"我的图文"按钮，回到保存的模板图文中，找到步骤4中保存的模板，点击"编辑"按钮，如图5-37所示。

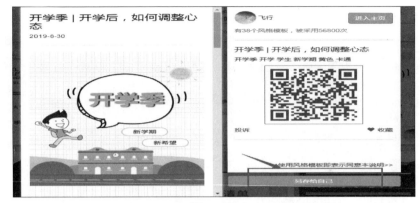

图 5-35

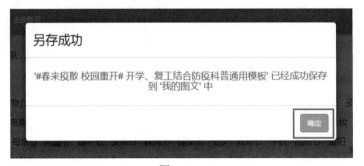

图 5-36

图 5-37

步骤6 模板图文里的每一处都可以进行编辑，只要把鼠标放在编辑处，就会弹出工具进行修改。图片、文字、小图标和分隔线等都可以替换，如图5-38所示。

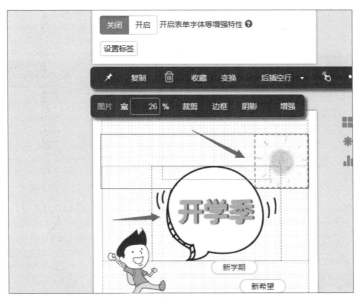

图 5-38

步骤7 返回"图文模板"界面，可以添加标题、卡片、图片、布局、引导、组件和热门，每一条导航内都有很多样式可供选择，可以随心所欲地根据推文内容进行编辑，组合成有特色的、图文并茂的推文，如图 5-39 所示。

步骤8 全部编辑好后，点击顶部的"√"符号，出现下拉列表，选择"同步到公众号"选项，如果前期已经绑定公众号账号，就会显示成功。如果没有绑定，请按照步骤提示绑定账号。如图 5-40 所示。

图 5-39

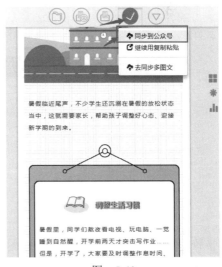

图 5-40

步骤9 返回公众号后台首页，在"最近编辑"里可以看到已编辑的图文，点击"新建群发"

按钮，如图 5-41 所示。

图 5-41

步骤10 如果前期没有绑定微信公众号，点击右上角的"授权公众号"按钮，如图 5-42 所示。

图 5-42

步骤11 点击"公众号授权（需管理员扫码）"按钮，如图 5-43 所示。

图 5-43

步骤12 使用管理员手机扫码，如图 5-44 所示。

步骤13 登录后，返回秀米平台，右上角就可以看到绑定的微信公众号，说明已经授权成功，点击"√"按钮，同步到公众号，如图 5-45 所示。

图 5-44

图 5-45

步骤14 如果不用第三方工具编辑，就需要自己编辑和设计。点击"我的图文"按钮，选择"添加新的图文"自行设计，如图 5-46 所示。

图 5-46

步骤15 选择"添加新的图文"后，进入"编辑窗口"界面，自行设计模块和风格等，如图 5-47 所示。

图 5-47

相关知识

内容是微信运营的重中之重,必须具备特色才会吸引关注。经常抄袭、没有新意的公众号是很难长久运营的。要从内容、标题和排版方面花费大量的心思和时间去完善,为用户、粉丝提供最佳的阅读体验。

一、标题

好的标题可以让用户、粉丝毫无抵抗力地点进来,因为在微信公众号的推送信息或朋友圈里,最先看到的就是推文的标题,所以标题显得尤为重要。

(1)"有用的"标题。例如,"让你终生受用的美白方法……""绝对干货,免费让你获得××的教程……"。

(2)"善用数字的"标题。例如,"教你10天减肥30斤的秘密……""我只用了100元,却通过网络赚取1万元,你想知道为什么吗?"。

(3)"巧设悬念的"标题。例如,"我怎样从一个什么都不会的民工变成了企业领导人""我从一个胆小鬼变成了充满自信的路演专家,你想知道其中的奥秘吗?"。

(4)"结合时事热点的"标题。例如,某跑男出轨的事件、汪峰头条、我欠快播一个会员等当时的热点事件。

(5)"恐吓人的"标题。例如,"因为这些陋习,你每天都在走向死亡……""你知道吗?有些水果不能这样吃……"。

(6)"如何式的"标题。例如,"如何轻松获得 10 万粉丝的关注量……""如何在股市中全身而退并且赚取 10 倍利润……"。

(7)"专业权威的"标题。例如,"马云绝不外传的企业经营之道……""微信缔造者张小龙告诉你怎样做微信运营……"。

二、内容

(1)原创文章的创作过程。一篇原创文章的创作过程包括收集素材、整理资料、编辑再创作、内容发布。前期收集素材最重要。

收集素材从平时关注的互联网文章、新闻、书籍等渠道寻找灵感。例如,以"红枣"为例,如何收集资料?大多数创作者优先通过百度搜索关键词、收集素材,如图 5-48 所示。

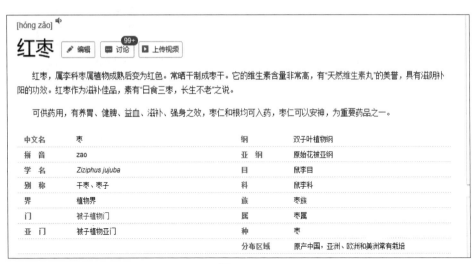

图 5-48

阅读到"养胃、健脾、益血、滋补"等字样,就会联想到食补、养生之类的文章创作。再继续找素材,阅读到国内不同的枣树,又可以产生以"枣树种类"为灵感的内容创作,如图 5-49 所示。

在百度百科中,可以寻找到许多关于"红枣"的创作灵感。除此之外,值得推荐的网站是搜狗(https://www.sogou.com),点击"微信"按钮,如图 5-50 所示。

图 5-49

图 5-50

点击"红枣"后，出现许多关于"红枣"的介绍，继续寻找素材和创作灵感。即使没有关注的微信公众号也能展示出相关的文章，如图5-51所示。

可以变换"大枣""枣""枣树"和"冬枣"等关键词，继续寻找创作灵感。其他类目的创作思路相似，均可以采用此方法收集素材。

图 5-51

三、类型

（1）趁热点型。热点新闻总是能吸引点击，公众号运营者需要关注两方面的新闻：一种是与公众号定位相关的热点新闻；一种是大众化关心的热点新闻，如《央视直播 boys 带货》。

（2）知识型。可以是大众、专业或者行业知识，如《乘坐公共交通工具，如何预防病毒感染》。

（3）经验型。生活中总结出的一些心得、技巧和方法，可以是大众、专业的经验，如《5 年化妆经验，总结了这 10 个妆容技巧！》。

（4）情感型。情感、怀旧或感人故事等类型，如情感类《人在低谷时，不要打扰别人》、怀旧类《那些消失的"80 后"童年回忆，第一张就看哭了……》、感人故事类《治愈 5 万人后，12 000 名医务人员撤离：英雄回家这一幕，让无数人泪奔……》。

（5）爆料型。揭秘行业黑幕、潜规则或各种丑恶行径等，结果出人意料，阅读效果显著，如《揭秘／做这种微商可轻松赚大钱？可能已经触犯法律》。

（6）励志型。每个人在生活中可能会面临来自社会、家庭或者工作等的压力，需要看励志型的文章，如《励志人生：没有奇迹，只有你努力的轨迹！》。

（7）案例型。真人现身说法，一是真实可信；二是内容源于实践；三是更贴近用户的生活和实际，如《减肥女孩的真实写照，我全中！》。

（8）八卦型。各种娱乐八卦、名人八卦是媒体和朋友圈的"常客"，用户阅读兴趣高，如《演员李现，通过角色完成自己的"斜杠"人生》。

（9）行业型。聚集于某几个用户或是大众比较关心的行业，如各种互联网行业的内容等，如《又一个电商"新宠"来了》。

四、排版

（1）封面。除了标题以外，封面也是吸引用户、粉丝点击的重要因素。封面怎么设置才合适？微信官方要求头条封面图片的尺寸是900px×500px、长宽比为16∶9，二级封面是200px×200px、长宽比为1∶1。如果上传的图片像素过低，封面图预览就会不清晰。

目前，流行的封面风格大致有以下几种。

1）扁平化风格。扁平化风格适合职场号，内容的调性大多偏向职场哲学、心灵鸡汤和办公室工具学习等，如图5-52所示。

2）实图风格。实图较常见，图片只需要剪裁不需要多加修饰。选图要契合标题和内容，如图5-53所示。

图 5-52

图 5-53

3）图文风格。从内容中提炼出关键词，用框线结构置于封面中间。字体形成视觉对比，重要的信息使用大字凸显，吸引用户、粉丝打开推文，如图5-54所示。

图 5-54

（2）文章头尾配图。

1）头部引导图。成熟的公众号会自己设计头尾版图，可以是动态的也可以是静态的。头部引导图的内容可以是公众号的 slogan、栏目图，如图 5-55 所示。

2）尾部引导图。尾部引导，也就是二维码关注。除了在设计风格上与头部一致以外，在内容上多是附上本账号的二维码，也有账号选择彰显自己的铭牌、文化口号或者添加往期内容等，如图 5-56 所示。

图 5-55　　　　　　　　　　　图 5-56

（3）字间距。文字间空一定的距离，一篇好的文章需要配上符合其风格的排版。例如，字间距的设置建议为 1px 或 1.5px，最大不宜超过 2px。1.5px 的字间距阅读体验最佳，或者按照模板，根据实际需要进行调整。

（4）页边距。页边距也就是文章的两边留白距离，一般设置为 1px。

（5）行间距。行间距一般设置为 1.75 倍，也可以根据喜好调试。另外，文案段落之间，建议每三段另起一行。这样的排版不会给读者造成压抑感。

（6）字号。字号建议设置为 14px 或 15px，注释、标注来源等适用于 12px。标题可用 18px、20px，新闻稿类文章可选择 16px。

（7）颜色。一篇文章中使用的字体颜色不宜过多，2～3 种为佳。颜色的选择可以根据品牌的调性，也可以依据 Logo 的主色。

（8）插图。插图可以缓解阅读疲劳感，建议每隔 5～6 段文字插入一张图片，图文并茂展示。正文内容的插图，要求尺寸统一，尺寸可以根据内容调整。从阅读体验上建议图片为 900px×600px，图片要与内容匹配。

（9）对齐。公众号排版，文字部分通常会使用两端对齐。避免不同的段落出现不同的对齐方式。插图的宽度应与文字的长度一致。表情包或小图可以缩小尺寸，居中排列，排版显得更精致。

（10）留白。排版中留白至关重要。除了每三段另起一行、每 5～6 段加图的留白方式以外，在文首、序号标题和文尾留白可以使文章显得更加清爽。

（11）强调。使用强调突出重点内容，常用的方法有三种，分别是增大字号、改变颜色和改变粗细。

（12）排版工具。可以借助第三方排版工具，如 135 编辑器、秀米排版、i 排版、小蚂蚁编辑器和新媒体管家插件等。

1. 如果内容不是原创，千万不要添加原创声明。
2. 预先编辑好的单图文可以先放在素材库，群发时再拼在一起组成多图文。
3. 订阅号升级服务号功能已下线，目前订阅号不能升级为服务号。
4. 微信公众平台自带的图文编辑功能比较简单。如果需要编辑出不同风格的图文，大多使用第三方排版工具。
5. 市面上有很多种第三方排版工具，功能大同小异，各有各的优势，建议混合使用，这样才能更好地编辑出想要的风格图文。
6. 多学习成熟的公众号文章排版方式，不断总结经验。
7. 换位思考，站在用户、粉丝的角度，他们为什么要点这个推文？所以，内容要有价值，能让粉丝有实际的收获或启发。

知识训练

1. 公众号文章中使用的字体颜色不宜过多，（　　）为佳。[单选]
A. 2～3 种　　　　B. 1 种　　　　C. 4～5 种　　　　D. 6 种以上
2. 微信公众号群发消息的内容可以是（　　）。[多选]
A. 图文消息　　　B. 文字　　　　C. 图片　　　　　D. 视频
3. 下列选项中，属于常见的微信排版工具的有（　　）。[多选]
A. 135 编辑器　　B. 秀米排版　　C. i 排版　　　　D. 小蚂蚁编辑器
4. 公众号中的哪类内容比较受用户的欢迎？
5. 公众号文章什么样的标题更能引起关注？
6. 公众号文章要如何排版才更能吸引粉丝的眼球？

技能训练

"规划与撰写微信公众号的内容"技能训练表，见表 5-6。

表 5-6

学生姓名		学　号		所属班级	
课程名称			实训地点		
实训项目名称	规划与撰写微信公众号的内容		实训时间		
实训目的： 掌握第三方排版工具编辑图文的方法。					
实训要求： 1. 利用秀米编辑器或者其他第三方排版工具创建一篇排版优美的图文。 2. 授权第三方排版平台，创建好图文后，同步到自己的公众号。 3. 利用排版好的图文，群发一条图文消息。					
实训截图过程：					
实训体会与总结：					
成绩评定（百分制）			指导老师签名		

二维码扫一扫，下载实训表格。

任务 5-4　推广微信公众号

　　小艺掌握了撰写公众号文章的方法，也学会了用第三方排版工具进行排版。可是，她在运营了两周的公众号后，发现文章的阅读量很低且只有几个粉丝关注。她很想知道应如何获得粉丝并推广公众号。

知识目标：

1. 了解常见的微信推广的方法。

2. 了解微信吸粉的方法。

技能目标：

掌握微信推广的方法。

思政目标：

1. 在选择推广方法时，不能人云亦云，要有自己的判断。

2. 在探索微信推广方法时，能做到大胆探索、勇于实践。

2学时。

无论个人账号还是企业账号、订阅号还是服务号，都需要服务好用户、黏住用户。常见的微信公众号推广的方法如下。

1. 设计主题活动推广

设计一个主题，在某个时间段使用小礼品奖励、刮刮奖、红包、有奖竞答、小游戏、礼品券或优惠券等形式的活动来推广公众号，如图5-57所示。

图 5-57

2. 转发朋友圈或群发微信群

订阅号被折叠，打开率越来越低。但是，朋友圈转发的文章有人会看，在微信群里转发也会贡献部分阅读量，如图 5-58 所示。

3. 互推微信公众号

同行交流交换资源互推彼此的公众号、请好友或家人转发推广、资金允许前提下请大 V 推广，如图 5-59 所示。

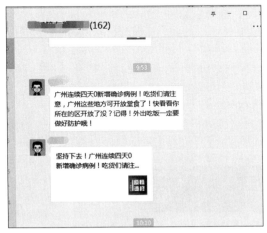

图 5-58

图 5-59

4. 在流量较大的资讯平台植入公众号

目前的主流资讯平台，如今日头条号、百家号、企鹅号、网易号、大鱼号和一点资讯流量大。在平台规则允许的情况下，在文章中或结尾处加上述公众号信息，如图 5-60 所示。

图 5-60

5. 投放线上广告

如果初期有推广预算，可以尝试以下三种推广方式，将自己的微信号更大规模地展现给潜在用户，寻求潜在用户的主动关注。

（1）广点通。通常在微信公众号文章末尾处投放，后台扣费，如图 5-61 所示。

图 5-61

（2）朋友圈投放（见图5-62）。

图 5-62

（3）网赚类转发。用户转发文章到朋友圈，根据文章带来的阅读量拿提成。

6. 利用企业内部资源

如果公众号是企业的订阅号或者服务号，首先应考虑企业的现有资源，如员工名片、各种宣传资料、广告牌、官方网站、企业微博、员工的邮箱、产品的包装袋和包装盒、产品的说明书和门店资源等，都可以进行公众号的推广。如果将这些资源有效利用，能给公众号带来不少粉丝。不是简单地印上二维码，而是要讲清楚关注后可以为用户带来哪些好处，如图5-63所示。

图 5-63

7. 搜索推广

用户会通过微信搜索功能，主动查找感兴趣的公众号并关注。当用户搜索相关关键词时，公众号能在结果页中排在前面，每天可自动增加粉丝。做到这一点，就需要公众号名称符合用户的搜索习惯，名称里要用到用户习惯搜索的词。此外，公众号一定要认证，认证的公众号排名会靠前，如图 5-64 所示。

8. 短视频或者直播

视频直播目前非常热，传播和引流效果也很显著。短视频或者直播可以将内容沉淀下来，然后设置获取内容的规则，引导精准客户关注微信公众号获取内容。常用的有抖音、B 站、快手、小红书和其他直播平台，在 B 站发布时，可以在视频的开头或末尾放公众号二维码或在评论区留公众号，如图 5-65 所示。

图 5-64

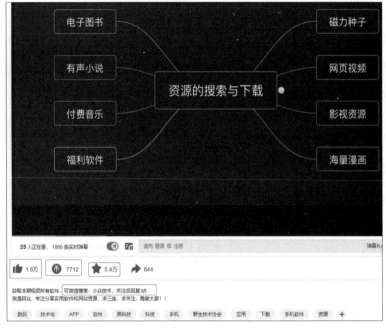

图 5-65

9. 利用威客发布任务或者第三方工具

利用猪八戒等威客平台进行悬赏、发布任务、参与推广，或者找专门的公众号推广公司，如微盟等合作进行推广，如图 5-66 所示。

图 5-66

经验分享

1. 无论是个人号还是企业号，均应多角度尝试不同的推广方式，探索出适合自己的方法。整个过程中，一定要坚持，只有不断调整运营思路才能运营好一个公众号。

2. 当熬过了艰难的初始粉丝积累期，有了一定量的粉丝积累后，接下来增加粉丝就相对容易了，只要内容好，社交传播的力量就能让你的粉丝不断增长。

3. 最重要的一点，优质的内容才是增加粉丝最好的方法。只有认真做好公众号的内容，才能得到粉丝的长久关注和认可。

同步训练

知识训练

1. 公众号的命名要考虑用户的搜索习惯，名称里要有用户习惯搜索的词，目的是（　　）。[单选]

A. 让用户在使用微信搜索功能时更容易搜索到

B. 让用户容易记住

C. 容易吸引用户眼球

D. 更能显得有个性

2. 为了推广公众号，可以采取的方法有（　　）。[多选]

A. 多搞一些活动　　　　　　　　　B. 找大V带一下

C. 投放朋友圈广告　　　　　　　　D. 借助专业微信推广企业

3. 如果是企业的公众号，可以利用企业现有的资源进行推广，企业现有的资源有（　　）。[多选]

A. 官方网站　　　B. 产品包装　　　C. 宣传资料　　　D. 广告内容

4. 可以在一些资讯平台同时发布文章，文章里可植入自己的公众号，下面哪些是资讯平台？（　　）。[多选]

A. 今日头条　　　B. 大鱼号　　　C. 一点资讯　　　D. B站

5. 除了本任务介绍的推广公众号的方法，你还能想到哪些方法？

技能训练

"推广微信公众号"技能训练表，见表5-7。

表 5-7

学生姓名		学　号		所属班级	
课程名称				实训地点	
实训项目名称	推广微信公众号			实训时间	
实训目的： 熟练掌握微信公众号的推广方法。					
实训要求： 1. 利用所学知识，针对自己的订阅号进行推广、吸粉操作。 2. 在一个星期内为自己的订阅号吸粉 200 个。					
实训截图过程：					
实训体会与总结：					
成绩评定（百分制）			指导老师签名		

二维码扫一扫，下载实训表格。

项目 6
新浪微博图文创作与运营

2000年4月13日新浪成功上市。2009年8月新浪微博上线,一直保持着爆发式增长。2014年3月27日,新浪微博正式更名为微博。每条微博不超过140字,随时随地传播和接收信息,传播方式、信息交互简便快捷。微博成为企业或个人的"第一新闻发言人",用户不仅可以上传文字,还可以上传图片和视频。

项目提要

本项目主要解析微博图文创作过程和微博运营机制。新手用注册好的微博账号发布图文或视频之后,分析提高曝光量和阅读量的方法,吸引更多的粉丝参与互动,用户能够公开、实时地发表内容,通过裂变式传播,让用户与他人互动并与世界紧密相连。

项目思维导图

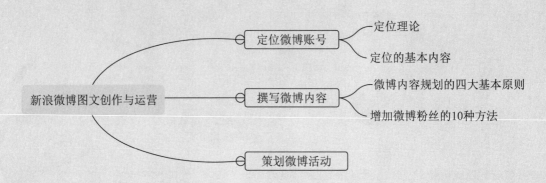

引例

小王经常看手机,一有空就刷微博,已经成为每天的习惯了。小王喜欢看新闻类、最新科技类、搞笑类等资讯。有一天,有位卖儿童游乐设备的亲戚无意间同他聊天,咨询小王能否通过微博宣传公司和产品,怎样宣传产品?怎么运营账号?如果卖产品,别人会买吗?零基础的人怎么开始?……

建议学时

8学时。

任务6-1 定位微博账号

情景导入

小王开始认真思考这位亲戚的一系列问题。他想尝试开一个微博账号来宣传这位亲戚的公司和产品。小王在微博上搜索关键词"游乐设备",发现有很多相关内容,有公司介绍,并配有设计的图片、视频等各种内容,用户的互动性非常强。小王在想他应该如何开始?

项目6　新浪微博图文创作与运营

知识目标：
1. 了解微博定位的思路。
2. 了解微博内容的定位。
技能目标：
1. 能根据产品设计准确定位。
2. 能根据定位设计内容。
思政目标：
1. 培养正确的价值观，符合平台的价值观。
2. 做到知行合一，理论和实践紧密结合。

2 学时。

步骤1 定位微博。

微博的内容和风格围绕"拟人化"的定位和形象展开。选择与自己的兴趣、特长相符的领域，拟人化的企业账号运营定位最理想，如图6-1所示。

图　6-1

步骤2 需把企业的产品或服务先变成一个"人",给微博勾画一个形象(见图6-2),这个形象最好有自己的个性特点。

例如,以生产棉麻布料的企业为例,可能有如下标签:

22岁:年轻、专业……

白领:敏锐、新潮、简约……

女性:个性、时尚(这是一种带有浓烈乡土气息的时尚范)……

性格:女汉子一枚、有点二、很幽默……

爱好:购物、看电影、看帅哥……

……

图 6-2

步骤3 定位内容。定位微博的个性后,接下来针对拟人化的"人物"特点,思考这样的人,会用什么样的口气和风格,发布什么样的内容?评论别人的内容或时事新闻时,又会发表什么样的观点?

常见的内容定位如下:

有心的:如各类创意产品。

有趣的:冷笑话、段子等。

有料的:明星八卦、揭秘爆料等。

有关的:关系到自己或身边人的各种人与事。

有爱的:能够激发网友关爱情感的。

有气的:让人看了就想评论、吐槽甚至拍砖的。

当有了一定数量的粉丝后,便可以根据自己的账号粉丝的特征和需求不断地优化内容。

步骤4 策划差异化的内容。按照下面的方向确定账号差异化的思路。

(1)人无我有。别人没有的内容,我有就是特色。

(2)人有我全。别人已经有的,我最全面也是特色(如菜谱大全)。

(3)人全我精。别人已经很全面了,我就做精品化的内容(如冷笑话精选)。

(4)人精我专。别人已经精品化了,那我就走专业化路线(如专业健身)。

(5)人专我独。别人已经很专业了,那我就走独特的个性化路线。

步骤5 定位好微博账号和内容。拟人化定位好后,就要开始模拟这个人去表达,它代表你的喜怒哀乐、这类群体的吃穿住用行,它不再是一个冷冰冰的产品,它开始有了"灵魂"。

一、定位理论

定位理论由美国著名的营销专家艾·里斯（A. Ries）与杰克·特劳特（Jack Trout）在20世纪70年代提出。里斯和特劳特认为，定位要从一个产品开始，可能是一种商品、一项服务、一个机构甚至是一个人，也许就是你自己。定位不是你对产品要做的事，定位是你预期客户要做的事。你要在预期客户的头脑里给产品定位，确保产品在预期客户的头脑里占据一个真正有价值的位置。

定位理论的核心是一个中心、两个基本点：以"打造品牌"为中心，以"竞争导向"和"消费者心智"为基本点。

二、定位的基本内容

1. 五大心智模式

（1）消费者只能接受有限的信息。

（2）消费者喜欢简单，讨厌复杂。

（3）消费者缺乏安全感。

（4）消费者对品牌的印象不会轻易改变。

（5）消费者的心智容易失去焦点。

2. 九大差异化

（1）成为第一。

（2）拥有特性。

（3）领导地位。

（4）经典。

（5）市场专长。

（6）最受青睐。

（7）制造方法。

（8）新一代产品。

（9）热销。

以牛仔裤企业为例，怎么做好这类企业账号？例如，你的产品是紧身、修身的牛仔裤，受众为年龄在18～24岁的年轻女性，此时就要把微博变成"这类女孩"。"她"喜欢吃什么？"她"喜欢玩什么？"她"喜欢到哪里旅行？……不能一直以介绍牛仔裤为主，不能一直宣传企业的产品，只能适当地穿插介绍企业产品或进行品牌宣传。

知识训练 >>

1. 博客写作与一般出版物写作的区别在于（　　）。[单选]

A. 简约性　　　　　B. 第一人称　　　　C. 方便性　　　　D. 交互性

2. 目标市场营销的基础是（　　）。[单选]

A. 市场细分　　　　B. 目标市场　　　　C. 市场定位　　　　D. 目标市场战略

3. 微博定位的步骤有哪些？

4. 20世纪70年代，美国营销专家艾·里斯与杰克·特劳特提出的定位理论的主要观点是什么？

技能训练 >>

"定位微博账号"技能训练表，见表6-1。

表　6-1

学生姓名		学　号		所属班级	
课程名称				实训地点	
实训项目名称	定位微博账号			实训时间	
实训目的： 掌握微博账号定位的思路。					
实训要求： 1. 选择一个类目，注册一个新浪微博账号。 2. 用思维导图的方式，描绘微博账号定位的思路。					
实训截图过程：					

（续表）

实训体会与总结：			
成绩评定（百分制）		指导老师签名	

二维码扫一扫，下载实训表格。

任务 6-2　撰写微博内容

情景导入

假如要给儿童游乐设备企业运营微博，每天要发什么样的内容？都是什么样的人在看我发的信息呢？如何策划选题？如何做内容规划？每天发多少篇适合？发的内容是否符合平台要求？……很多问题让我无法下手。

任务目标

知识目标：
1. 掌握微博选题的策划方法。
2. 掌握微博内容规划的方法。

技能目标：
1. 能制订个人微博账号运营计划。
2. 能制订企业微博账号运营计划。

思政目标：
做到知行合一，理论和实践紧密结合。

建议学时

4 学时。

操作步骤

以某儿童游乐设备厂家微博账号运营为例进行说明。

步骤1 规划微博内容。

1. 公司介绍

（1）创始人、团队介绍及其成长故事。

（2）企业文化。

（3）品牌定位、品牌形象和品牌理念。

（4）所获认证及荣誉。

（5）公司动态。

2. 产品优势

（1）创意好玩的造型设计。

（2）安全、贴心的细节设计。

（3）设备色彩设计。

（4）适合各场景安装的设备（家庭、公园、幼儿园和小区等）。

3. 优秀案例

（1）分类别的成功案例展示。

（2）客户口碑、订单数量展示。

4. 动态模板

（1）分类别介绍可为客户定做的范例。

（2）其他。

5. 行业规范

（1）行业设备价格状况介绍。

（2）行业设备参数标准。

（3）行业设备检测、验收标准。

（4）行业其他资讯。

6. 科普攻略

（1）儿童房布置攻略。

（2）儿童游乐攻略。

（3）社区游乐设施使用攻略。

(4)老人孩童游乐活动科普。

(5)其他。

7. 现款定制

(1)客户需求收集(表单或其他简单的形式)。

(2)联系厂家定制。

步骤2 制订该公司一天的内容运营计划。内容规划好后,便进入日常运营,围绕用户的需求,策划相关的微栏目,组织对用户有吸引力的内容,每天有规律地进行更新。

某公司内容运营计划,见表6-2。

表 6-2

	项	目	工 作 方 法
内容	频率	周一至周五	每天发布微博不少于7条
		周六、周日	每天发布微博不少于6条
	时间	周一至周五	(1)8:00～8:30,发布当日第一条"早安微博" (2)10:00～10:30、11:30～12:30、14:30～15:30、16:30～18:00、20:30～21:00,各发布一条微博 (3)23:00左右,发布当日最后一条"晚安微博"
		周六、周日	(1)9:00～9:30发布当日第一条"早安微博" (2)11:00～12:00、14:00～16:00、18:00～19:00、21:00～22:00,各发布一条微博 (3)23:00左右,发布当日最后一条"晚安微博"
	运营内容	早、晚微博问候	每天在8:30与23:00左右向微博粉丝们说早安与晚安
		原创微博	关于旅游、摄影、娱乐、实用等话题,发布时,尽量以文字+图片、文字+视频/音频、文字+图文+视频/音频的形式
		热门转发	热门的新鲜事、情感小哲理、娱乐、搞笑等内容的转发
		公司信息公告	新店开张、网站改版、公司的新促销活动等信息的发布
活动	专题类	发布频率、时间	每月一场,发布时间参考9:00～10:00、16:00～18:00、22:00～23:00,也可视实际情况而定
		发布形式	利用企业微博页面上的活动栏做活动,活动项将收录至微博活动应用中,因此更适合正式的活动。也可配合节假日或网络热门话题发起活动
	有奖互动类	发布频率、时间	每月2～3场,发布时避开专题活动,避免影响专题活动效果
		发布形式	可利用微博的活动栏,也可直接发布微博,利用粉丝的相互转发达到推广的目的
	其他非正式类活动	发布频率、时间	每周一次,避开专题活动与有奖活动,避免影响以上活动的效果
		发布形式	通过推荐有礼、提问有礼等形式,增加微博粉丝的互动
推广	微博外联	与异业企业的微博合作	通过联合做活动、相互转发内容等形式,达到推广的目的
		与粉丝数高的博主合作	通过付费或不付费合作的方式,请粉丝数高的博主转发、推荐微博
		付费推广	通过微推推等平台发布任务的形式推广,提高微博的互动性

（续表）

项　　目		工作方法
推广	内部推广	各城区微博之间的互动	通过各城区微博之间相互转发的形式推广，提高微博的互动性
		员工对微博关注并推动	公司员工对官方微博进行关注并转发
		官网首页支持	与官网相互推广、支持
	线下推广	各门店部分海报、单页的支持	对于一些长期、重要的活动，可以在门店（客房）放置一些宣传资料
		各门店大堂视频的支持	可通过技术手段实现微博的直播
		各门店前后的推荐	对于一些重要的活动，前台可介绍活动的相关信息

一、微博内容规划的四大基本原则

（1）相关性原则：制订内容计划，应与用户的兴趣相关。

（2）实用性原则：规划内容，思考能够给用户带来什么样的收获，是否有价值。

（3）多元化原则：图文、头条文章、视频、直播等均可以尝试，让内容更具创意、更具多元化。

（4）有序性原则：企业微博账号每天发布消息在 7 条左右，发布内容一定要做到有计划、有规模，提前做好内容发布的计划表。

二、增加微博粉丝的 10 种方法

1. 发布优质内容

在微博中发布用户喜欢的优质内容，转播量就会增加，看的用户多了，粉丝自然就多起来了，如图 6-3 所示。

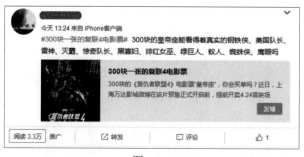

图 6-3

例如，账号"冷笑话精选"因为每天坚持分享优质的冷笑话，粉丝已经接近 200 万；

账号"互联网的那点事"的内容受到很多互联网公司高层的关注和认可。

用某账号实践测试，每天发 7 条，搭乘顺风车后，阅读量轻松破万。

2. 加热门话题

微博有话题功能，如果发布内容时添加这些热门话题，则可以极大地增加曝光率和被关注的概率。例如，一个经典话题"互听大队"，使得听众数轻松过万，如图6-4 所示。

依然用这个账号，选了一个不是特别热门的话题，阅读量也能达到 2.5 万。使用另外一个账号选了当时一个热门话题，效果也非常明显，如图6-5 所示。

图 6-4

图 6-5

3. @ 别人

发布内容时，可以多 @ 那些与内容相关或者粉丝多的博主，也可以主动邀请甚至要求他们帮忙转发，如图6-6 所示。

图 6-6

4. 评论别人

在广播大厅挑选粉丝较多的人发布的博文进行评论，挑选那些最新发布且还没有人评论的内容进行评论，评论得越有特色，越能引发共鸣越好。当博主对评论进行回应时，自然就变相地为自己的账号做了推广，如图6-7 和图 6-8 所示。

5. 标签

微博账号设置中有标签功能，如图 6-9 所示。可以设置 10 个最符合自己特征的标签，将会极大地增加账号的曝光率，那些对相关标签感兴趣的人，有可能主动成为该账号的粉丝。

图 6-7

图 6-8

图 6-9

6. 主动关注

主动出击、主动关注别人，也是一种很直接的方法。例如，销售硅藻泥涂料的博主，其微博营销策略之一就是主动搜索"家装设计""装修"等关键词（见图6-10），找到潜在的涂料用户或者代理商，然后不断地向他们提供关于健康涂料使用方面的信息，在帮助他们的同时，也宣传了自己的产品。

图 6-10

寻找那些靠互听或互粉建立起来的账号（这些账号最明显的一个特点是他们关注的人比收听他们人要多），然后在他们的听众（或粉丝）列表中找到你感兴趣的人主动关注。因为这些人都是之前与他们互听（互粉）成功的，会比较乐于回听（回粉）。

7. 话题炒作

发布一个有争议的内容，引发别人的关注与转发，也可以达到曝光和增加粉丝的目的。例如，在刚开通微博时，制造一个有争议的内容，结果可能会在 24h 内转发到数百。但是，话题炒作有风险，需谨慎对待。

8. 坚持更新

同今日头条、博客等新媒体平台一样，微博也需要勤更新，更新得太慢，被关注度就会降低。很多自媒体平台的图文或视频均保持更新并坚持发文，不能"三天打鱼，两天晒网"。每天坚持更新，阅读量会逐渐增加，粉丝也是不断积累的过程，如图 6-11 所示。

图 6-11

9. QQ 群

网络上有很多微博交流群,通过 QQ 群来增加粉丝量。该方法也适合网络推广,找到精准客户。以硅藻泥涂料为例,在 QQ 群里不能一味地发广告,要先熟悉 QQ 群,然后逐个加群里的人,总能找到属于自己的客户,如图 6-12 所示。

图 6-12

10. 其他

除了以上这些常见的方法外,只要用心,随时可以见缝插针地进行宣传。例如,如果经常写文章,那么可以在文章中推荐;如果有博客,也可以在博客中推广。

综上,增加粉丝需要不断积累,按照内容规划作出特色。

经验分享

1. 坚持每天发布 7 条左右的文章,按照上述吸粉方法定会有效果。
2. 微博发文一定要"拟人化"。
3. 发文可以跟随当天的热点或行业的热点,按照上述吸粉方法,阅读量会逐步提升。

同步训练

知识训练

1. 博客营销的特点是（　　）。[单选]
   A. 不具有搜索引擎可见性
   B. 与企业网站相比，博客文章的内容题材和发布方式更为灵活
   C. 与门户网站发布广告和新闻相比，博客传播的自主性较小
   D. 与博客营销的信息发布方式相比，论坛文章显得更正式，可信度更高

2. 通过为自己的产品创立鲜明的特色和个性，从而塑造出独特的产品市场形象的是（　　）。[单选]
   A. 市场细分　　　B. 市场定位　　　C. 市场选择　　　D. 市场拓展

3. 微博是一种通过（　　）机制分享简短、实时信息的广播式社交网络平台。[单选]
   A. 参与　　　B. 许可　　　C. 朋友圈　　　D. 关注

4. 微博定位的方法有哪些？

5. 微博吸粉的方法有哪些？

6. 请你为某化妆品品牌公司设计微博内容规划。

技能训练

"撰写微博内容"技能训练表，见表 6-3。

表 6-3

学生姓名		学　　号		所属班级	
课程名称				实训地点	
实训项目名称		撰写微博内容		实训时间	
实训目的： 1. 掌握微博的内容规划方法。 2. 掌握微博吸粉的方法。 3. 了解微博的推广运营。					
实训要求： 1. 注册微博账号并配上链接。 2. 完成一天发布 7 条微博的记录（真实微博内容并截图）。 3. 内容发布时间分布： （1）8：00～8：30，发布当日第一条"早安微博"。 （2）10：00～10：30、11：30～12：30、14：30～15：30、16：30～18：00、20：30～21：00，各发布一条微博。 （3）23：00左右，发布当日最后一条"晚安微博"。					

（续表）

4. 内容可选择以下题材，仅供参考（挑选其中的 7 种）： 8:30--# 早安 #，乐观积极向上的语录、内容，图片温馨。 10:00--# 带我去旅行 # 11:00--# 美食指南 # 12:00--# 招亲榜 #，加强与微博网友间的互动。 14:00--# 幸福指南 #，指南类文字，给未婚、已婚人士一些情感、婚姻方面的建议。 15:00--# 成功故事 #，转发成功案例微博内容、用感性的文字带动。 15:30--# 笑一下嘛 #，搞笑的内容、图文。 16:30--# 幸福家居 #，时尚家居。 20:30--# 健康指南 #，饮食、养身、健康类的博文。 21:00--# 光影时刻 # 22:30--# 静夜思 # 23:00--# 晚安 # 5. 图文并茂，并截图展示实训过程。
实训截图过程：
实训体会与总结：

成绩评定（百分制）		指导老师签名	

二维码扫一扫，下载实训表格。

任务 6-3　策划微博活动

情景导入

明确了微博定位，知道了每天要发哪些内容，也知道了怎么吸引粉丝，但总感觉账号还是不够活跃，粉丝增加还是比较慢，下一步应该怎么做呢？

项目6 新浪微博图文创作与运营

知识目标：
1. 熟悉常见的线上活动的类型。
2. 掌握微博活动策划的思路。
技能目标：
1. 能熟练罗列线上活动主图。
2. 能策划一次微博主题活动。
思政目标：
落实科学发展观，体现教学内容发展变化的动态性。

2 学时。

操作步骤

步骤1 整理可供线上活动的主题。围绕一年中不同的节日，结合公司产品特性制定活动主题，按照上述吸引粉丝的 10 种方法，制定不同的微博主题，如图 6-13 所示。

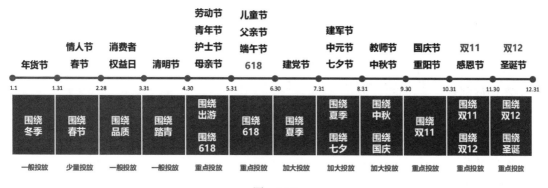

图 6-13

步骤2 寻找节日主题，做好内容规划。以某地牛仔城为例，当地企业为了宣传当地的牛仔裤品牌，以"消费者权益日"为契机，做了一次微博宣传活动。

步骤3 设计策划案例。牛仔裤的受众以年轻人为主，首选大学校园，主动联系校园外联部、模特协会、创业协会等，开始策划微博活动，如图6-14所示。

校园活动赞助方案

一、赞助冠名权

本次活动将冠名以企业或产品的名称："×××"杯第二届×××学院电子商务商品详情页设计大赛。

二、标识权

活动期间，对外宣传的横幅、大赛宣传、选手奖杯证书等资料上均出现冠名企业名称。

三、赛场广告回报

1. 比赛现场正面背景显著位置标明冠名单位名称、标识，以突出冠名企业。
2. 赛场标有冠名企业名称或产品名称的横幅。
3. 可出现企业微博二维码，可在网络渠道评选优秀商品详情页设计。
4. 演出进行中及结束后鸣谢。
5. 邀请冠名企业代表担任嘉宾评委、出席颁奖典礼，一起为获奖选手颁奖。由主持人介绍冠名企业，企业代表可讲话。

四、冠名费用

本次活动冠名费为5 000元人民币。

五、其他说明

本次电商商品详情页设计大赛具有广泛的校园影响力，社会影响和经济效益并存，愿企业抓住有利时机展现自身风采，依托双赢的舞台，创造无限的商机，预祝双方合作成功！

202×年×月×日

图 6-14

网络活动策划的关键点：

1. 有趣、好玩

活动要具备娱乐的心，让用户在"玩"的过程中达到营销的目的。

2. 凸显利益

在活动中，经常会设置连续投票、连续登录会有"某某奖品送出"的内容，把这个利益点凸显出来，让人一目了然，才有兴趣继续参与下去。

3. 简单化

例如，本次活动企业的目的是为了让更多的用户扫二维码加关注，效果明显。故活动的操作过程不能太复杂，用户看不明白或操作太复杂就容易放弃。

4. 鼓励分享转发

例如，投票设置、让相关参赛或想得到礼物的人积极地去分享活动。

经验分享

1. 微博策划一定要紧跟热点，设计适合产品内容的宣传主题。每个月节日不断，主题设计应根据热点灵活处理和调整。
2. 微博活动要有好的效果，需要投入费用，全网配合，以达到宣传推广的目的。

同步训练

知识训练

1. 策划的核心是（　　）。[单选]
   A. 目标　　　　　B. 决策　　　　　C. 创意　　　　　D. 信息
2. 营销策划两大永恒不变的主题是创新性和（　　）。[单选]
   A. 艺术性　　　　B. 优美性　　　　C. 活泼性　　　　D. 严密性
3. 创新性决定了营销策划的（　　）。[单选]
   A. 严密性　　　　B. 可控性　　　　C. 可执行性　　　D. 有效性
4. 什么是策划？策划分为哪几个阶段？
5. 微博策划的重要设计点有哪些？
6. 网络策划活动的关键点有哪些？

技能训练

"策划微博活动"技能训练表，见表6-4。

表 6-4

学生姓名		学　号		所属班级	
课程名称			实训地点		
实训项目名称	策划微博活动		实训时间		
实训目的： 熟练掌握微博活动的策划。					
实训要求： 1. 以"母亲节"为主题，为某化妆品公司策划一次微博活动。 2. 方案中要涉及活动主题、活动时间、活动目的、活动内容、参与方式、奖项设置和操作流程等，发挥你的想象，设计相关的主题内容。					

（续表）

实训截图过程：			
实训体会与总结：			
成绩评定（百分制）		指导老师签名	

二维码扫一扫，下载实训表格。

第三部分
内容电商平台篇

项目 7
内容电商平台的解读

内容电商通过图文、视频、文字或者小视频等多种形式来运营,在内容的表达和传递中,结合产品的特点、优势、体验和品牌文化等给消费者塑造一个感同身受的场景。2016年是内容元年,淘宝是第一个真正意义上实现"内容商品"的平台,内容创业者通过阿里亿级流量精准分发,全阿里系100+内容消费频道,发掘了内容创业的新蓝海。新型内容电商的发展最具代表性的是小红书,它从社区做起,将社区中的内容精准匹配给感兴趣的用户。

本项目从平台的角度选择了两类典型代表来解读国内内容电商的现状:一类是阿里系

内容生态;一类以小红书、蘑菇街和抖音为代表。本项目主要从内容营销的原因和意义、开展内容营销的主要措施、内容营销渠道功能解析等方面解读内容电商平台的发展现状。

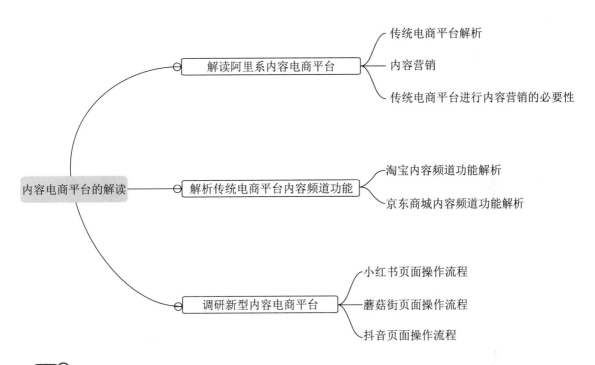

小张毕业后进入了一家电商代运营公司。刚进入公司没多久,公司就接了一个女装天猫店运营的项目,客户希望帮忙开天猫和京东店铺,并负责日常运营,领导把任务交给了小张。

在运营的过程中,获取流量是最重要的,他发现通过内容营销电商平台都会有流量支持,并且鼓励商家去做内容营销,除了天猫店的内容渠道之外,通过其他站外渠道配合吸引流量或品牌宣传,效果也不错。

6学时。

任务 7-1　解读阿里系内容电商平台

情景导入

小张知道想要做好店铺运营，必须具备相应的专业知识。天猫和京东作为电商行业的代表，相比其他平台起步早、发展成熟，但同时也存在着不少问题。只有准确把握平台的相关信息，才能够更好地利用平台开展经营活动。

任务目标

知识目标：

1. 了解传统电商平台的含义及其发展现状。
2. 了解传统电商平台内容营销的含义。
3. 理解传统电商平台在开展内容营销方面的优劣势。

技能目标：

1. 能准确区分传统电商平台和新媒体平台。
2. 能根据各项资料数据，把握平台的内容营销现状，提升整合分析资料的能力。

思政目标：

1. 能够实时关注行业动态，辩证看待行业发展趋势。
2. 汲取成功经验，结合自身特点做到实事求是。

建议学时

2 学时。

操作步骤

以"短视频"内容发布为例。

步骤1 打开浏览器，进入淘宝网首页，点击"请登录"输入卖家账号，如图 7-1 所示。

图 7-1

步骤2 进入千牛卖家工作台,点击"自运营中心",如图 7-2 所示。

图 7-2

步骤3 点击"自运营中心"中的"商家短视频",进入"淘宝短视频"页面,如图 7-3 所示。

图 7-3

步骤4 点击"视频发布管理"进行短视频的编辑和上传。点击素材中心的"上传"按钮，上传制作好的视频，如图7-4所示。

图 7-4

步骤5 请根据所属的行业/类目领域，选择最上面的"视频领域"，根据视频内容，选择想要发布的"视频类型"。点击蓝色的"选择该类型"按钮即可发布视频，如图7-5所示。

图 7-5

步骤6 选择要发布的视频，点击"上传视频"按钮，如图7-6所示。

图 7-6

步骤7 为视频添加商品和互动元素,可以带动转粉、成交,如图7-7所示。可以选择两种视频添加方式与三种互动玩法。根据活动要求或实际情况进行添加。每次编辑完商品或者互动权益后,点击右侧的"保存"按钮,并"刷新预览码"进行预览。

图 7-7

步骤8 为视频添加标题、封面图等信息,这些可以帮助视频在手机淘宝公域获得流量,如图7-8所示。

图 7-8

步骤 9 发布成功，如图 7-9 所示。

图 7-9

步骤 10 发布成功的短视频可以在"生意参谋"中的"淘宝短视频"查看，根据数据可以对视频的质量和成效进行评估，如图 7-10 所示。

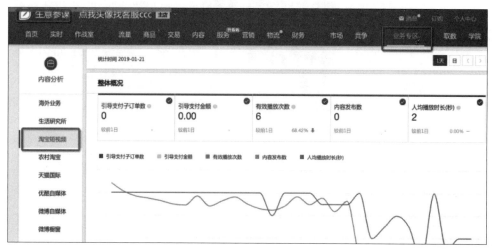

图 7-10

一、传统电商平台解析

传统电商指的是单纯靠线上卖货盈利的电商公司。传统电商是相对于新零售、社交电商而言的，它以线上销售为主，主要代表有淘宝、天猫、京东和苏宁易购等。

二、内容营销

内容营销就是从卖"产品"变成卖"产品以外的东西"，通过产品背后的内容去传播产品。与客户交流，与客户互动，让客户产生对产品的探索欲望。在没有购买欲望的时候，客户通过看一段视频、听一个段子、欣赏一段音乐、看一个漫画或视觉图片，产生对产品的兴趣，从而探索这个产品并进行购买。如图7-11所示，展现的是内容营销的形式和运用场景。

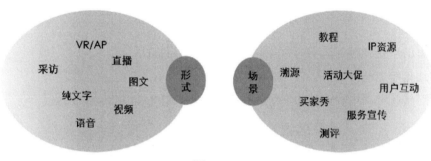

图 7-11

三、传统电商平台进行内容营销的必要性

电商内容化的本质是以内容连接人的情感，让人们"移情"于消费，实现内容变现。以内容为手段，吸引具有共同爱好和价值观的粉丝，形成高忠诚度的社群，并为他们推介合适的产品和服务。

1.视频标题是展示给消费者看的，用第一人称做视频内容的简述，会提高视频的点击率。视频封面图需要准备两张，一张是视频同比例封面图，一张是1∶1正方形封面图。视频封面图不能是商品纯色底图或广告图，一定是高清、构图画面美观、真人演绎、场景再现的图片。

2.短视频发布的路径很多，除了可以从素材中心上传，也可以根据短视频应用的场景不同进行分渠道、分栏目上传，如主图的短视频可以通过商品的发布页面上传。

同步训练

知识训练

1. 下列电商平台中,不属于传统电商平台的是( )。[单选]
   A. 淘宝　　　　　B. 京东　　　　　C. 小红书　　　　　D. 苏宁易购
2. 传统电商平台与新媒体平台的区别有( )。[多选]
   A. 平台定位　　　B. 用户体验度　　C. 内容展示方式　　D. 消费方式
3. 互联网的发展、新媒体的出现,让传统电商内容营销成了传统电商发展的必要选择。( )[判断]
4. 所有的广告视频都属于内容营销。( )[判断]
5. 简述传统电商开展内容营销的原因和必要性。
6. 针对传统电商内容营销的现状及存在的问题,作为商家应该如何做?

技能训练

"解读阿里系内容电商平台"技能训练表,见表7-1。

表 7-1

学生姓名		学　号		所属班级	
课程名称				实训地点	
实训项目名称	解读阿里系内容电商平台			实训时间	
实训目的: 了解传统电商平台内容营销的现状,掌握内容营销的内涵。					
实训要求: 1. 分别登录淘宝和京东两个电商平台。 2. 根据相关知识,找出两个平台目前的内容营销渠道。 3. 在两个平台上分别上传同样的短视频,记录上传视频过程中的要点和渠道。 4. 一周之后,观察两个平台的视频数据,并初步分析产生差距的原因。					
实训截图过程:					
实训体会与总结:					
成绩评定(百分制)			指导老师签名		

二维码扫一扫，下载实训表格。

任务 7-2　解析传统电商平台内容频道功能

小张很清楚开设店铺除了要了解平台的基本情况，还要遵守平台的规则。若不遵守平台的规则，可能会导致店铺的运营受挫，甚至会被封店。内容营销时也需要遵循平台的规则，发布的内容要合乎平台的规范，掌握每一种渠道面向的群体以及限制条件，只有熟悉平台内容渠道功能才能使营销事半功倍。

知识目标：
1. 掌握淘宝平台内容渠道的功能。
2. 掌握京东商城内容渠道的功能。

技能目标：
1. 会利用平台进行内容发布。
2. 能根据不同的内容选择合适的发布渠道。

思政目标：
1. 内容健康，不存在误导倾向。
2. 要学会协作，相互学习，取长补短。

2 学时。

操作步骤

以当前比较热门的直播渠道为例,演示开通直播的操作过程。

步骤1 直播前的准备。确保网络稳定,避免直播过程中出现掉线、卡顿等情况,影响用户观看。

在手机中安装最新版的淘宝直播 APP,并在设定中允许获取麦克风权限。如图 7-12 和图 7-13 所示,分别展示手机应用商城下载和淘宝后台下载的页面。

设置直播环境,灯光的亮度要合适,避免过亮带来的曝光和光线不足导致的画面模糊不清。正式直播前进行设备调试,做好紧急情况的预案。

图 7-12

图 7-13

步骤2 打开淘宝直播 APP,开通直播权限。注册时可以利用商家或达人的身份。如图 7-14 和图 7-15 所示,分别展示了商家和达人开通直播权限的流程。

步骤3 直播权限开通之后,点击"内容发布"中的"创建直播",如图 7-16 所示。

图 7-14

图 7-15

图 7-16

步骤4 填写直播信息，包括直播封面图、直播类型、直播标题、内容简介、选择频道栏目、直播地点、添加宝贝（这样用户就可以边看边买），点击"创建直播"，选择是否开启高清模式（需要宽带速度在4兆以上），进入直播间。调整展示角度、灯光等后，点击右下方的"开始直播"，正式发起直播，如图7-17和图7-18所示。

图 7-17

图 7-18

步骤5 直播开启后，可以在直播界面看到观看人数、直播间ID和直播时间等信息，如图7-19所示。

在底栏中，点击右下方的图示查看添加的宝贝。点击红色购物袋图示"录制讲解"录制宝贝讲解，时长为60s。点击"结束录制"，讲解就会被保存下来。需要再次录制的话，再次点击红色购物袋图示,点击"重新录制",如图 7-20 所示。

点击底栏的"+"号,点击"粉丝推送"启动粉丝推送功能,这样粉丝就能收到你的开播提醒,每天只能推送一次。可以在每天的 8 点到 11 点推送直播信息,每个用户一天最多能接受 6 条这样的直播信息。

图　7-19　　　　　　　　　　　　　图　7-20

步骤6 向右滑动,查看直播的即时数据,如图 7-21 所示。向左滑动可以查看自己创建的直播简介和直播印记,如图 7-22 所示。

图　7-21　　　　　　　　　　　　　图　7-22

步骤7 点击右下角的"结束直播",如图 7-23 所示。直播结束后会自动反馈直播数据、观看人数和收获的点赞数,如图 7-24 所示。

图 7-23

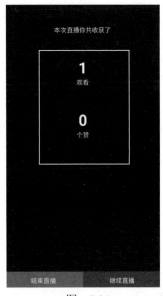

图 7-24

本部分主要以淘宝和京东为例，深入解析两大平台的内容渠道功能。

一、淘宝内容频道功能解析

1. 有好货

有好货主要是达人投稿和官方小二推荐，对商品的品质要求较高，面向中高端消费能力的人群，引流效果好，一旦入池，展现期会很长，入店比例也很高，别的频道一般不会超过 10%，有好货的入店率可以达到 30% 以上。

2. 淘宝直播

淘宝直播是一个为买家提供专业购买指引的电商直播平台，主播通过直播间与买家群体互动，以实现转化为目的，并积攒粉丝。淘宝直播通过更具互动性的方式，解决用户的诉求，直播受众 80% 为女性。

3. 微淘

微淘是手机淘宝的重要产品之一，定位是基于移动消费领域的入口，在消费者生活细分领域，为其提供方便、快捷、省钱的手机购物服务。微淘的核心是回归以用户为中心的淘宝，而不是小二推荐、流量分配，每一个用户都有自己关注的账号、感兴趣的领域，通过订阅获取信息和服务，运营者、粉丝能够围绕账号产生互动。将会在下一个项目详细讲述微淘。

二、京东商城内容频道功能解析

京东商城的内容频道主要有京东直播、发现好货（单品）、觅 me、京东快报、会买专辑/清单、排行榜、视频购和京挑细选。

1. 京东直播

京东直播开放给所有商家，在注册达人平台后默认开通直播权限。京东直播与机构主播合作，个人主播可登录达人平台或京东任务后台发布直播。

2. 发现好货（单品）

发现好货频道是一个客观、专业、略带挑剔的给京东用户推荐优质商品的渠道。它是一个个性化推荐导购平台，以单品推荐并集中反映产品属性，利用千人千面的大数据推荐，对质美价廉的好产品进行精准人群推送，适合新奇特优、小众品牌或者中高端商品投放。主要用户群体以 25～35 岁群体为主，男性占比大于女性，购买意向较强。但是只限于新奇特、高端优质的产品，且上线次数有限制，产品局限较大。

1. 淘宝和京东的内容渠道有很多，大部分以直播、视频和图文的形式存在。其中直播和视频最受欢迎，进入门槛低，转化率高，很适合新商家。但是，好的直播和视频制作成本较高，建议综合运用抖音等其他手段辅助进行。

2. 最容易出现的是知识产权问题，所以内容最好是原创，避免侵权，影响声誉。

3. 除非平台有要求，或者有大型的营销活动，一般不建议邀请明星直播。

4. 不建议客单价高的品牌单独做直播，最好是和品牌调性以及客单价差不多的品牌联合，效果会更好。

知识训练

1. 淘宝上的所有内容渠道适合每一类产品。（   ）[判断]
2. 京东发现好货频道的主要用户群体以 25～35 岁群体为主。（   ）[判断]
3. 淘宝现有的内容营销渠道有哪些？哪些是商家可以直接参与的？
4. 京东商城现有的内容营销渠道有哪些？
5. 查阅相关资料，分析直播数据。

技能训练

"解析传统电商平台内容频道功能"技能训练表,见表7-2。

表 7-2

学生姓名		学　　号		所属班级	
课程名称				实训地点	
实训项目名称	解析传统电商平台内容频道功能			实训时间	
实训目的: 梳理淘宝和京东的内容渠道。					
实训要求: 1. 申请认证淘宝和京东的达人号。 2. 开通直播权限并进行一场直播。 3. 直播结束后,查看直播数据,分析直播存在的问题并不断改进。 4. 分析传统电商平台直播与抖音等的异同点。 5. 用PPT的形式提交,内容至少为15页。					
实训截图过程:					
实训体会与总结:					
成绩评定(百分制)			指导老师签名		

二维码扫一扫,下载实训表格。

任务 7-3　调研新型内容电商平台

最近,小丽特别喜欢在小红书、蘑菇街上选购商品。小红书的分享笔记解决了她多年的干性皮肤化妆问题,让她终于找到了适合自己肤色的化妆套餐。蘑菇街的穿衣搭配流行话题让她找到了适合自己的潮流款式。抖音的产品广告形式，一边使用产品一边就能看出产品效果。她渐渐地习惯了在这些平台上购物。

知识目标：
1. 了解小红书、蘑菇街和抖音等内容电商平台的区别。
2. 了解从产品的各个角度对小红书、蘑菇街和抖音的分析。

技能目标：
1. 掌握小红书页面功能操作流程。
2. 掌握蘑菇街页面功能操作流程。
3. 掌握抖音页面功能操作流程。

思政目标：
1. 遵循诚信原则、客观性原则。
2. 学会团结协作，具备良好的从业素质和职业道德。

2学时。

一、小红书页面操作流程

步骤1 登录小红书手机端，首页有"关注""发现""同城"三个栏目，均采用信息流的页面布局，如图7-25所示。

步骤2 点击"商城"进入小红书商城页，选择一款产品进入商品详情页并加入购物车，此时页面会弹出"成功加入购物车""去结算"，如图7-26所示。

图 7-25　　　　　　　　　　　图 7-26

步骤3 点击"+"可选择"相册""拍视频""拍照"其中之一。图片最多可发9张，如图7-27所示。

步骤4 选择"拍视频"，可选择一段或几段视频发布，也可以在线编辑后发布，如图7-28所示。

不建议选择"拍视频"和"拍照"，因为没有经过准备和处理的图片及视频效果不好。图片经过软件修饰和视频通过专业软件剪辑后再发，效果更好。

【相册】
可选9张图片，最好提前准备好一样规格的图片；
也可选一段或几段视频发布，或者在线编辑后发布（如右图）。

【拍视频】和【拍照】都不建议选择，因为没有经过准备和处理的图片及视频效果不好。

图 7-27　　　　　　　　　　　图 7-28

二、蘑菇街页面操作流程

步骤1 打开并登录蘑菇街,首页分为"发现""直播""附近"三个栏目,如图7-29所示。

 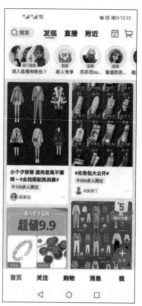

图 7-29

步骤2 点击"+"进入内容发布页,选取图片或视频,并对要发布的内容添加标签,如图7-30所示。

图 7-30

步骤3 点击进入蘑菇街购物页,选择一款产品并进入商品详情页,如图7-31所示。

图 7-31

三、抖音页面操作流程

步骤1 打开并登录抖音,首页为短视频瀑布流,包含"推荐""同城"两个栏目,均由推荐算法推荐内容,如图 7-32 所示。

步骤2 点击进入抖音购物页面,选择一款商品并进入抖音商品详情页,抖音商品详情页有的会导流到淘宝,有的会导流到自营商品,如图 7-33 所示。

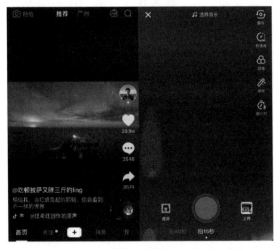

图 7-32

图 7-33

一、小红书、蘑菇街和抖音的内容电商平台

（1）小红书是用户分享生活、购物心得的社交电商，用户生产的内容以图文或短视频的方式为主。

（2）蘑菇街是专注于时尚女性的电子商务网站，是时尚和生活方式的目的地，通过形式多样的时尚内容等产品，让用户在分享和发现流行趋势的同时，享受购物体验。全网渗透率以及用户重合度与小红书最为相符。

（3）抖音是用户生产短视频的社交平台，主要解决用户消磨时间、分享生活并获得关注度的社交平台。

这三个内容电商平台在解决用户分享生活的需求方面有所重合，在未来的发展中仍旧会产生竞争关系。

二、小红书、蘑菇街和抖音的区别

（1）用户画像，见表 7-3。

表 7-3

平台	性别分布	年龄分布	地域分布	收入状况	核心诉求
小红书	男性用户占 20.8%，女性用户占 79.2%	集中于 20～35 岁	多分布于沿海省市，其中超一线、一线、二线城市用户占多数	中高收入消费者占整体用户的 76.0%	在购物和生活中帮助决策
蘑菇街	喜爱购物的女性用户高达 80% 以上，男性用户在 20% 以下但在不断增加	集中于 18～35 岁	多分布于东南沿海以及四川重庆一带	收入一般，消费水平偏低	更加偏向于实惠、便捷的网络购物
抖音	男女比例约为 52∶48	集中于 15～35 岁（数据采用艾瑞指数）	多分布于广东、江苏等省份	20～30 岁人群收入水平不佳；30 岁以上人群具备一定的消费能力	能高效地消遣闲暇时间，且基本不耗费经济成本

（2）商业模式和产品策略，见表 7-4。

表 7-4

	小红书	蘑菇街	抖音
解决的需求	基本型：检索、浏览、发布内容，评价并与发布者互动 期望型：购买浏览内容中的物品；能拍摄图片、视频，并进行美化；仅浏览特定关注者发布的内容；直接发私信和好友互动；可标记发布地点 兴奋型：可在多平台转发小红书的内容；可浏览相应的笔记；可在标志地址下和特定标签下集中浏览相关内容	获取穿搭建议，学习时尚内容，缩减消费决策半径，产生购买行为，并激发潜在的表达欲，向专业的内容生产者进阶	无明确目的时，存在对个人时间娱乐消遣的需求。满足对网络世界的好奇心，以及对于他人生活的窥视欲。寻求网络社区的认同感，渴望与他人建立联系，得到他人的认同
使用场景	每次想买东西或者闲暇时会打开小红书，浏览相应物品的购买地、价格、使用感等内容	蘑菇街的主要用户是 20 岁左右、时尚敏感度高的女生。对于这个消费欲望强烈但消费能力并不大的群体而言，相较于购买价格昂贵的品牌服饰，在网络上淘货是更为划算的行为	工作日通勤路上、午间饭后休息时间、下班回家做完家务后、晚上休息前看看有没有感兴趣的视频、关注的朋友是否发布新视频，并点击相应视频的购物推送查看商品
产品方案	通过构建内容分享平台，帮助用户快速浏览、检索、发布相关内容，以提供发现全球美好生活、标记吃喝玩乐的平台 通过构建电商平台解决用户发现好物时购买难的问题，帮助用户省去鉴别真伪的过程，提高生活质量	借助内容运营策略调动用户的情感，与用户建立强强情感链接，从内在触使用户产生行为交互——评论、收藏、分享，多维度加深内容深度和传播广度	通过用户自身及周边，多渠道收集用户数据，通过自有的平台算法进行选择性推送，使用户能快速看到喜欢的视频内容，并嵌入相应的电商元素顺势完成变现行为
产品定位	以分享生活内容为主的社区兼电商平台	购物与社交的相互结合，提供电商平台服务，通过时尚分享为用户推荐商品，为更多的消费者提供更有效的购物决策建议	先进算法与强大的运营支撑运作，强调内容推送的垂直性，做用户的精准化运营
商业模式	自营商城 广告投放收入 会员制收入 线下体验	营销服务 佣金收入 其他收入	现有方向： KOL 模式做内容 + 购物；粉丝圈、礼物打赏等增值服务 未来尝试方向： 品牌商广告合作模式；完善电商供应链，打造自有商城

1. 竞品分析是每一个互联网从业人员都需要做的基本工作，不同的职能，侧重点会不

一样，如运营人员更侧重产品的战略定位、盈利模式、推广方式，交互设计师更侧重于产品界面、具体的交互形式。当然这些维度是有机联系的，不可以孤立对待。

2. 竞品分析是对现有的或潜在的竞争对手的产品进行分析比较。

3. 竞品选择的范围并不局限于具有直接竞争关系的产品，以 iPad 版即时通信应用为例，除了 QQ、MSN 等产品以外，我们还需要选择 IM+、AIM、IMO 等优秀且受众群体较大的产品。

知识训练

1. 下面（　　）功能是抖音平台没有的。[单选]
   A. 点赞　　　　　　B. 笔记　　　　　　C. 发现　　　　　　D. 关注的人

2. 下面（　　）没有直播功能。[单选]
   A. 蘑菇街　　　　　B. 小红书　　　　　C. 淘宝　　　　　　D. 抖音

3. 小红书的目标用户人群以（　　）为主。[多选]
   A. 20～35 岁高消费女性　　　　　　B. 18 岁左右低消费女性
   C. 35 岁左右中等消费人群　　　　　D. 40 岁以上女性

4. 什么是竞品分析？

5. 分析小红书、蘑菇街与抖音的功能结构的不同。

6. 竞品分析的目的是什么？

技能训练

"调研新型内容电商平台"技能训练表，见表 7-5。

表　7-5

学生姓名		学　号		所属班级	
课程名称			实训地点		
实训项目名称	调研新型内容电商平台		实训时间		
实训目的： 通过对电商平台的竞品分析，掌握社区电商的市场动态。					
实训要求： 以小红书、网易考拉和洋码头为例，进行详细的竞品分析。					
实训截图过程：					

（续表）

实训体会与总结：			
成绩评定（百分制）		指导老师签名	

二维码扫一扫，下载实训表格。

项目 8
传统内容电商平台运营

（以微淘为例）

微淘定位为移动消费的内容场景入口，在消费者生活细分领域，为其提供省时、省力、省心的手机购物服务。

看似不起眼的微淘，其实具有很大的价值：其一是可观的流量——位于手机淘宝底部导航第二位的微淘，占据流量优势，加上阿里的扶持，让其成为店铺免费引流利器；其二是粉丝维护的利器——在微淘上，配合内容出现的还有各种玩法和福利，能有效地增加粉丝黏性，更易转化为成交。

项目 8　传统内容电商平台运营

项目提要

微淘的核心是回归以用户为中心的淘宝，而不是由小二进行流量分配，每一个用户都有自己感兴趣的领域，可以通过订阅的方式获取信息和服务，并且能很方便地与店铺运营者产生互动。本项目以微淘为例，讲述传统电商平台内容运营的相关内容，包含定位目标人群、规划与布局内容、解读内容推荐机制、创作微淘内容，以及获取与运营粉丝。

项目思维导图

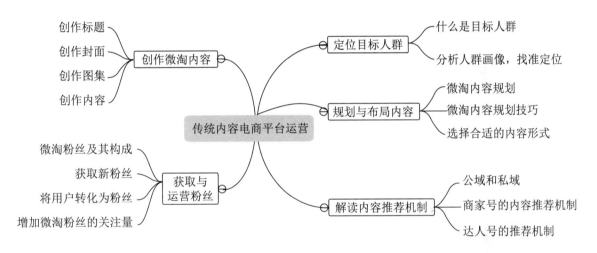

引例

萌萌是一家淘宝女装店的店主，经营着一家商品类型丰富、款式多样的店铺。从生意参谋的相关数据看，近期店铺销量有所下降，特别是老顾客的复购减少，这让她十分焦虑，于是咨询了几个也在做女装店的朋友，朋友们都觉得是萌萌的微淘拖了后腿，建议她做一下微淘的长期规划，持续发布优质内容，重视与粉丝的互动，坚持下去，必有收获。萌萌听取了朋友们的建议，重新梳理了自己的目标人群特征，并且做了短期和长期的规划，认真了解微淘推荐机制，针对粉丝的需求和兴趣点发布优质内容，经过一段时间的运营后，店铺的情况渐渐有所好转，销量也开始提升了。

建议学时

10 学时。

任务 8-1 定位目标人群

知己知彼，百战不殆。萌萌明白，要用内容吸引买家、留住买家、活跃粉丝，首先要明白自己的客户或者潜在客户属于哪一类人群、具备怎样的特征、有怎样的喜好和消费习惯，于是她和团队认真分析了自身产品、目标客户以及粉丝的特点，对店铺的目标人群有了更加深入的了解。

知识目标：
1. 了解人群和目标人群的含义。
2. 理解并掌握人群定位的方法。

技能目标：
1. 掌握获取用户信息的渠道。
2. 能够根据不同店铺的情况选择合适的人群定位。

思政目标：
1. 能够具体问题具体分析。
2. 能够全面地分析问题，开阔思维。

2 学时。

步骤1 登录千牛卖家工作台，找到"统计"→"用户分析"，如图 8-1 所示。

项目 8　传统内容电商平台运营

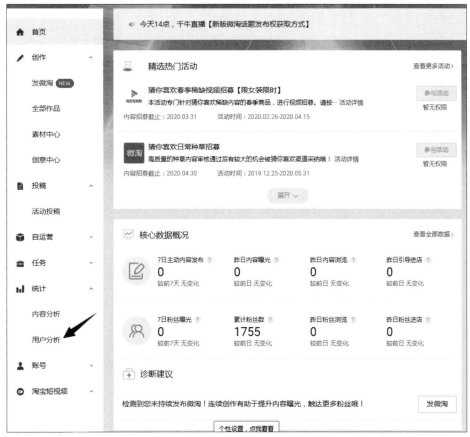

图　8-1

步骤 2 分析消费人群的基础特征，包括性别及年龄分布，如图 8-2 所示。

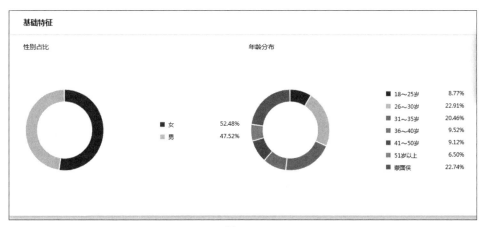

图　8-2

步骤 3 分析消费人群的地域分布，如图 8-3 所示。

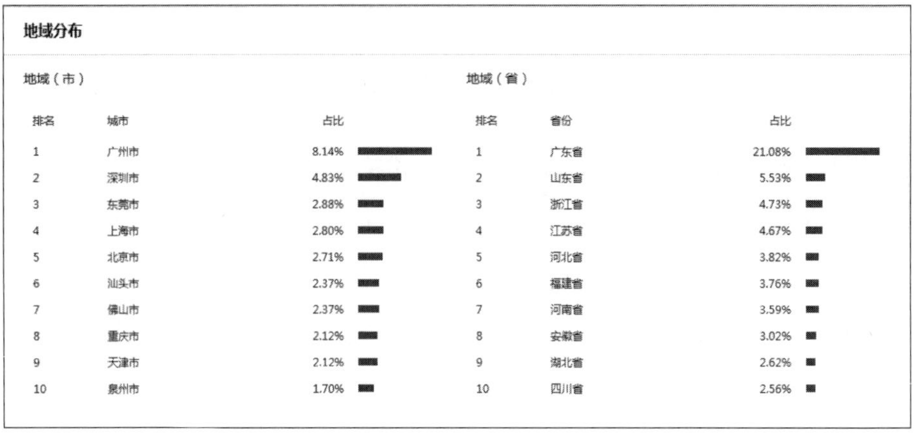

地域分布

地域（市）				地域（省）			
排名	城市	占比		排名	省份	占比	
1	广州市	8.14%		1	广东省	21.08%	
2	深圳市	4.83%		2	山东省	5.53%	
3	东莞市	2.88%		3	浙江省	4.73%	
4	上海市	2.80%		4	江苏省	4.67%	
5	北京市	2.71%		5	河北省	3.82%	
6	汕头市	2.37%		6	福建省	3.76%	
7	佛山市	2.37%		7	河南省	3.59%	
8	重庆市	2.12%		8	安徽省	3.02%	
9	天津市	2.12%		9	湖北省	2.62%	
10	泉州市	1.70%		10	四川省	2.56%	

图 8-3

步骤4 分析消费人群的消费偏好，如图 8-4 所示。

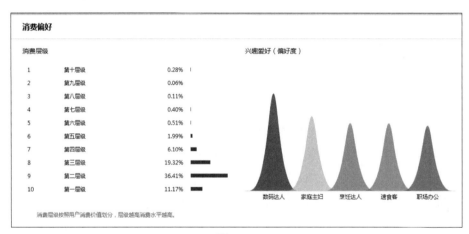

图 8-4

步骤5 分析粉丝偏好排行，如图 8-5 所示。

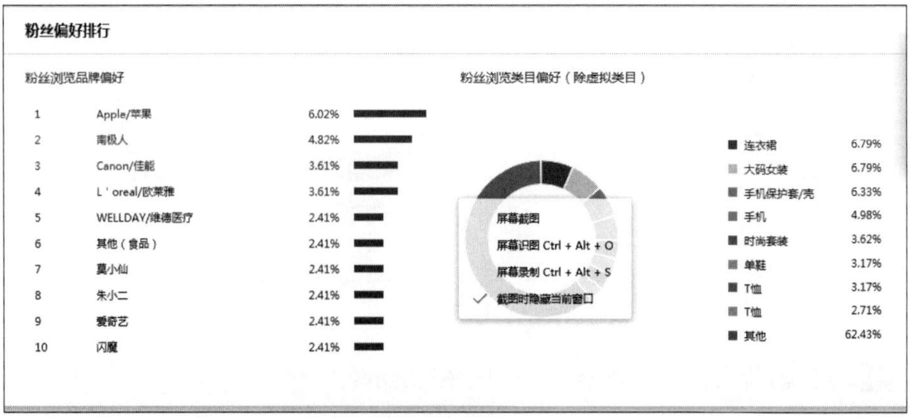

图 8-5

一、什么是目标人群

1. 人群

根据年龄段、性别，且有长期的兴趣爱好、购物偏好等进行区分，具有明显特征的群体，我们称之为人群。

例如，年龄在 18～35 岁，收入较高，对美有极度追求，喜欢消费，注重商品的品质、品牌。主要购买轻奢品牌、国际品牌以及一些独立设计师品牌，也会消费奢侈品的女性，我们称之为白富美。

2. 目标人群

目标人群指的是内容投放的目标用户，如上面提到的白富美。

3. 频道推荐人群

频道推荐人群目前是根据达人的人群标准推荐的。后期会优化为根据达人的历史内容来计算，进行最优质的人群推荐。

基于目标人群写的优质内容，更有机会获得平台的推荐和粉丝的认可。

二、分析人群画像，找准定位

微淘内容必须围绕用户来展开，只有内容贴合用户的兴趣，找准定位，才能与粉丝产生良性的互动，而只有良性的互动，才能使内容获得更多的曝光。

1. 人群数据获取

登录"阿里创作平台"，打开"创意中心"，在"人群热点"中找到每个人群的详细信息，如图 8-6 所示。

图 8-6

我们可以根据店铺所属大类，选择相匹配的目标人群进行查看。

2. 人群数据分析

商家可以通过已有的人群数据和自身店铺数据，分析目标人群，总结出目标人群的特点，包括但不限于以下 6 个维度。

（1）自然人的属性：性别、年龄、职业和地理位置。

（2）身份的属性：我们可以从店铺后台的工具去了解访客、成交客户、粉丝、读者等的身份。

（3）消费行为：购买次数、频率、客单价、品牌偏好、渠道偏好和上网行为。

（4）营销内容偏好：用户更偏好什么样的内容、形式、主题、环境和视觉等都需要我们去总结。

（5）生活兴趣偏好：用户的日常生活兴趣偏好都有什么，喜欢什么样的社交活动。

（6）社交传播影响：粉丝更愿意帮助你传播的驱动力是什么，更喜欢分享的内容是什么。

3. 结合产品，找准定位

微淘的内容除了要符合人群定位之外，还要围绕自身的产品来进行，不管是传统的营销还是内容营销，最终的结果都是达成交易，销量是最终的目的。单纯为了迎合消费者进行创作，既浪费资源又没有效果。

商家在进行内容创作的时候要对商品进行详细的分析，包括商品的基本数据、适用人群、产品的卖点、产品以往的销售数据及评价等内容。

通过对商品的深入分析，结合粉丝的人群定位，找到合适的切入点，适当地融入热点问题，才能引起用户的良性互动，引导转化。

1. 根据用户画像，我们可以把店铺消费用户分为以下四大类。

（1）藤壶类。低潜在营利性但具备高忠诚度。

（2）陌生人类。低潜在营利性和低忠诚度。

（3）蝴蝶类。带来高盈利空间却没有太好的忠诚度。

（4）挚友类。既有价值又忠诚的客户。

进行人群定位分析时，要同时考虑客户的特征。

2. 微淘的运营是一个长期的过程，内容题材的选择技巧也会随着时间而发生转变，想选择合适的内容发布类型，要结合产品、用户定位以及热点进行，才能有好的效果。

同步训练

知识训练

1. 选择目标人群无法获得更多的推荐机会。（　　）[判断]
2. 选择的目标人群类型越全面、越丰富就越可能获得更多的流量。（　　）[判断]
3. 选择正确的目标人群可以提升整体优质内容的有效转化。（　　）[判断]
4. 淘宝微淘的内容类型有（　　）种。[单选]
   A. 7　　　　　　B. 8　　　　　　C. 9　　　　　　D. 10
5. 下列不是内容选题需要考虑的因素有（　　）。[单选]
   A. 用户特点　　　B. 产品特点　　　C. 营销需求　　　D. 自己的喜好
6. 怎样才能选择正确的目标人群为店铺带来更多的流量及粉丝？

技能训练

"定位目标人群"技能训练表，见表 8-1。

表 8-1

学生姓名		学　号		所属班级	
课程名称				实训地点	
实训项目名称		定位目标人群		实训时间	
实训目的： 掌握定位目标人群的方法。					
实训要求： 1. 登录卖家后台，查看卖家用户的整体画像。 2. 找出店铺商品所属大类，分析其用户特点。 3. 选择店铺微淘的目标人群。					
实训截图过程：					
实训体会与总结：					
成绩评定（百分制）			指导老师签名		

二维码扫一扫，下载实训表格。

任务 8-2　规划与布局内容

萌萌分析过店铺的人群定位后，面对众多可选择的内容发布形式和平台上的活动感到了迷茫，该如何做好内容规划、控制好内容发布的节奏呢？她参考了多个竞争对手的微淘内容，并结合团队和朋友的建议，设计了短期和长期的内容规划表。

知识目标：

1. 了解微淘内容的短期和长期规划方法。
2. 了解微淘内容的分类。

技能目标：

1. 掌握内容规划的技巧。
2. 能够结合店铺情况做好微淘内容规划。

思政目标：

1. 能够拥有全局思维。
2. 能够提升规划能力并及时调整规划，做到随机应变。

2学时。

操作步骤

步骤1 搜索并自选"女装"类的三个微淘号进行查看,如图 8-7 所示。

图 8-7

步骤2 分析这三个微淘号近一周每天发布的每条内容的主题、类型(是上新?种草?福利?还是日常?……)和发布时间,填入表 8-2。

表 8-2

	账号 1	账号 2	账号 3
第一天	第一条主题的类型、发布时间: 第二条主题的类型、发布时间: 第三条主题的类型、发布时间: ……	第一条主题的类型、发布时间: 第二条主题的类型、发布时间: 第三条主题的类型、发布时间: ……	第一条主题的类型、发布时间: 第二条主题的类型、发布时间: 第三条主题的类型、发布时间: ……
第二天	同上	同上	同上
第三天	同上	同上	同上
第四天	同上	同上	同上
第五天	同上	同上	同上
第六天	同上	同上	同上
第七天	同上	同上	同上

步骤3 总结以上三个微淘号的内容规划特点,并结合自己店铺的定位,给出适合自己的内容规划建议。

相关知识

一、微淘内容规划

微淘内容规划，如图 8-8 所示。

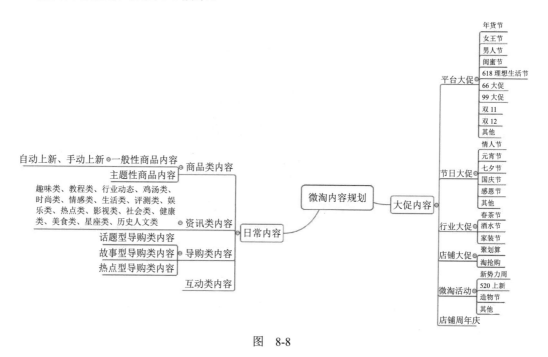

图 8-8

根据微淘的内容规划，商家需要做好年度、季度、月度和每周的内容规划。

二、微淘内容规划技巧

（1）广播（每天只能发布一条）更新应注意活跃度，在保证内容质量的前提下尽量每天更新。发布的内容可原创，也可采集其他渠道热门文章（注明作者），切忌只发硬广内容，应从受众的角度出发，以话题、热点内容为主。

（2）多模块综合搭配使用，如广播与发布商品，通过每日广播为新品发售做铺垫等。

（3）从自身店铺产品的目标客户群角度进行内容规划。

（4）以为粉丝提供价值为根本原则，价值分为内容价值和产品价值。内容价值是可以引起客户阅读兴趣的，能增长客户的知识水平。产品价值一定是以产品质量为前提的，不管是做店铺还是内容化运营，都要以产品价值优质、性价比高为前提。

三、选择合适的内容形式

微淘内容的发布类型有 9 种:店铺上新、好货种草、粉丝福利、主题清单、买家秀、短视频、图文、店铺动态和转发。不同的内容类型下,增加不同的场景下的多个模板:长文章、上新、预上新、短视频、宝贝图集、好货心得、宝贝清单、互动问答和活动链接。

(1)店铺上新。店铺上新是商家将自己的新品进行推广的一种内容形式,通过上新内容的发布,可以让粉丝第一时间获取上新相关商品信息以及折扣信息,上新内容为点击率 TOP 内容,超过内容平均点击率的 1/3。

(2)好货种草。好货种草是商家将自己的商品在购前种草给粉丝的一种内容形式,通过种草内容的发布,可以让粉丝更好地了解商品的相关信息,对商品产生购买兴趣和喜好度,种草内容为点击率 TOP 内容,超过内容平均点击率的 1/3。

(3)粉丝福利。粉丝福利是商家通过对商品设置粉丝专享价来维护粉丝忠诚度的一种内容形式,通过粉丝福利的发布,可以让粉丝对店铺的忠诚度更高,激励后续粉丝活跃度的提升。

(4)主题清单。主题清单是商家将自己的新品进行分类聚合推广的一种内容形式,通过清单内容的发布,可以让粉丝更集中地获取商品的相关信息以及促销折扣的相关信息。

(5)买家秀。买家秀是商家将优质买家秀进行二次推广的一种内容形式,通过买家秀内容的发布,可以让粉丝获取第三方视角的商品展示。

(6)短视频。短视频是商家将商品通过视觉效果包装之后的一种内容形式,通过视频内容的发布,可以让粉丝更直观地获取商品的相关信息。

(7)图文(图文教程)。图文是商家对商品进行深度评测展现的一种图文内容形式,通过图文内容的发布,可以让粉丝更深入地了解商品的相关信息。

(8)店铺动态。店铺动态是商家和粉丝进行情感沟通的一种内容形式,通过店铺动态内容的发布,可以让粉丝更深入地了解店铺的日常,提升粉丝的黏性。

(9)转发。可以一键转发达人发布的相关商品内容。

微淘不同内容类型的发布步骤大致是相同的,只是在选择类型时是不同的,重要的是如何进行类型的选择。

经验分享

1. 分析竞争对手的微淘内容,获取内容规划的经验,是非常好用的方法。
2. 微淘内容在短期内并不能明显地给店铺带来流量,但长期坚持必有收获。从战略上来说,这是平台的导向、是大势所趋。

同步训练

知识训练

1. 规划微淘内容时，只需考虑潜在客户及粉丝的需求。（　　）[判断]
2. 微淘的内容规划主要包括（　　）。[多选]
   A. 年度规划　　　B. 季度规划　　　C. 月度规划　　　D. 周计划
3. 微淘内容的年度规划包括（　　）。[多选]
   A. 平台活动　　　B. 行业活动　　　C. 节日活动　　　D. 节气活动
4. 微淘的内容类型有（　　）种。[单选]
   A. 7　　　　　　B. 8　　　　　　C. 9　　　　　　D. 10
5. 店铺上新的类型有（　　）。[多选]
   A. 预上新　　　　B. 上新　　　　　C. 种草　　　　　D. 单品上新
6. 做内容规划时，要考虑哪些因素？
7. 微淘内容规划有哪些技巧？
8. 日常期间的内容和活动期间的内容有什么不同？

技能训练

"规划与布局内容"技能训练表，见表8-3。

表 8-3

学生姓名		学　　号		所属班级	
课程名称			实训地点		
实训项目名称		规划与布局内容	实训时间		
实训目的： 能够独立地为店铺做微淘内容的规划。					
实训要求： 1. 分小组选择一家店铺。 2. 组员分工对店铺做微淘的双11和年货节的微淘内容规划。 3. 规划做好后，组员间互相讨论、评价并进行优化。					
实训截图过程：					
实训体会与总结：					
成绩评定（百分制）			指导老师签名		

二维码扫一扫，下载实训表格。

任务 8-3　解读内容推荐机制

通过一段时间的微淘运营后，萌萌发现自己创作的微淘内容获得的流量极其有限，怎样通过微淘获取更多的流量呢？接下来，我们帮助萌萌了解微淘内容的推荐标准的相关知识。

知识目标：
1. 了解商家号和达人号的账号等级及相应的权益。
2. 了解平台对微淘内容的采纳标准。

技能目标：
1. 能够根据不同的等级账号，进行微淘内容的输出。
2. 能独立创作符合采纳要求的微淘内容。

思政目标：
遵循规则，在现有规则条件下，灵活应变。

2 学时。

操作步骤

参考微淘内容的发布规范，以及微淘公域的采纳要求，发布一篇上新微淘。

步骤1 登录创作者后台（https://we.taobao.com）发布新微淘，选择店铺上新内容类型，如图 8-9 所示。

图 8-9

步骤2 根据想要发布的上新类型发布内容，如图 8-10 所示。上新：当你想要推广多款新品时，可选择该内容类型进行发布。预上新：当你想要推广即将上新的新品，可选择该内容类型进行发布。单品上新：当你想要推广一款新品时，可选择该内容类型进行发布。

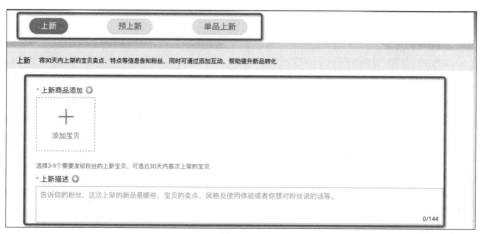

图 8-10

步骤3 认真填写"这篇文章想对粉丝说什么"，否则会影响内容在关注频道、上新频道、店铺微淘动态中的展示；标题展现在内容详情页，用于内容在其他场景中的分发，如图 8-11 所示。

项目 8　传统内容电商平台运营

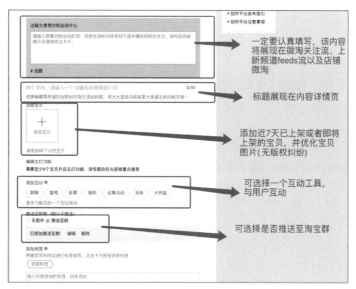

图　8-11

步骤 4 添加宝贝，点击完善资料，更换宝贝主图。注意：一定要对宝贝进行图片优化，只有干净、精美的图片才能吸引用户的点击，如图 8-12 和图 8-13 所示。

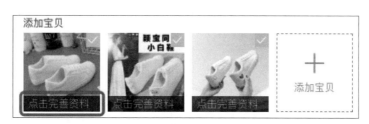

图　8-12

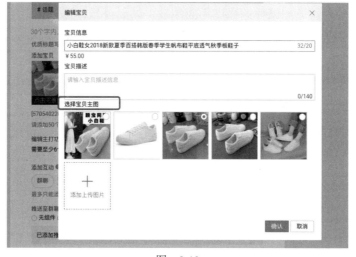

图　8-13

相关知识

目前,微淘号主要有两种类型:商家号和达人号。拥有淘宝或天猫店铺的商家可以同时拥有这两种身份,如图8-14所示。

图 8-14

微淘创作有两个目标:①尽量符合公域的采纳要求。②要让买家感兴趣,觉得有价值继续关注。

要实现内容不断地被公域栏目采纳,就要十分了解微淘的内容推荐机制和发布规范,持续创作符合平台采纳要求的内容。

一、公域和私域

1. 公域

公域就是能被整个淘宝平台的人都看到的展示位置,如手淘首页的大促活动、有好货、淘宝头条、每日好店等栏目,以及微淘栏目中展示给非粉丝买家的一些位置,都属于公域。如果你的内容出现在这些位置上,那么就有更多的人看到你、发现你,进而关注你、买你的货品、成为你的粉丝。如果你的微淘不断地被采纳到公域,那么就会给店铺带来源源不断的流量,其中一部分流量会转化为你的粉丝,也就是私域流量。

2. 私域

私域指的是卖家自己可以调控的阵地。在私域运营中,卖家可以自己决定展现什么内容和什么商品,自己决定怎么跟粉丝进行互动,形成有黏性的粉丝关系,提升粉丝的回访及重复购买。店铺微淘就是典型的私域,卖家可以自主发布微淘内容,粉丝可以点赞或评论,卖家可以回复这些粉丝进行互动。除此以外,直播间、群聊、店铺承接页等也都是卖家的私域。私域的流量更加精准、复购的可能性更高,加以运营,会给店铺带来稳定增长的销量。

二、商家号的内容推荐机制

商家发布的微淘一方面能激活和维护已有粉丝,同时,优质内容还可以进入公域渠道,如微淘——种草、猜你喜欢等,为自己带来新的流量。

自 2020 年 3 月 1 日开始,微淘商家号陆续启动新的晋级和推荐机制,账号的层级指标不再以简单的账号指数为准,而是以标准化的数字量化指标为准,晋级核心指标方向明确,如图 8-15 所示。

	微淘商家号	商家指数分/分	粉丝价值分/分	内容价值分/分	账号健康分/分
原层级指数标准	L6	800	600	600	—
	L5	700	500	500	—
	L4	600	400	400	—
	L3	450	300	300	—
	L2	350	—	200	—
	L1	—	—	100	250
	L0				

 升级

	微淘商家号	内容力 周主动发微淘	粉丝力 粉丝基础	粉丝力 粉丝活跃率	导购力 店铺成交能力
新层级指数标准	L6: 每周3晋级	≥1	≥100万	≥3%	年成交≥1亿
	L5: 每周3晋级	≥1	≥10万	≥3%	年成交≥1000万
	L4: 每周3晋级	≥1	≥1万	≥3%	年成交≥100万
	L3: 每周3晋级	≥1	≥1万		
	L2: 报名任务晋级	微淘采纳≥1			
	L1: 报名任务晋级	≥1			
	L0	≥1			

图 8-15

对于不同等级的商家号,其享受的权益也不同,等级越高,享受的权益越多。自 2020 年 3 月改版后,新的商家号在原有工具权益和活动权益的基础上,又增加了商业权益、流量权益以及角色透出权益,如图 8-16 所示。

商家层级	工具权益			微淘营销活动			上新日历	福利日历
	发布条数	粉丝互动工具	粉丝亲密度	微淘上新日	微淘宠粉日	行业活动大促优质资源		
L6	5条/天	√	√	尊享海景房	尊享海景房	尊享海景房	√	√
L5	5条/天	√	√	尊享海景房	尊享海景房	尊享海景房	√	√
L4	3条/天	√	√	√	√	√	×	×
L3	3条/天	√	×	√	√	√	×	×
L2	2条/天	√	×	√	√	×	×	×
L1	1条/天	√	×	√	×	×	×	×
L0	1条/天	×	×	×	×	×	×	×

新商家层级	商业权益			流量权益			角色透出
	微淘新品日	微淘福利社	粉丝通/头条	内容推荐	账号推荐	新关注icon	优选商家权益透出
L6	√	√	√	优先	√	√	√
L5	√	√	√	优先	√	√	√
L4	×	√	√	采纳内容	优质账号	√	×
L3	×	√	√	采纳内容	优质账号	√	×
L2	×	×	×	采纳内容	×	×	×
L1	×	×	×	采纳内容	×	×	×
L0	×	×	×	×	×	×	×

图 8-16

其中的流量权益值得关注,因为这项权益能为商家带来更多的公域流量,如 L3 层级的账号会有机会在微淘公域中的账号推荐栏目展现,以及 L1 层级的账号会拥有新关注 icon 的功能等,如图 8-17 所示。

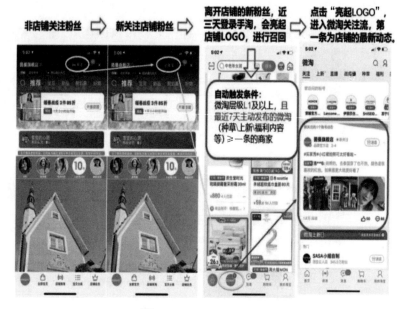

图　8-17

另外,商家号启用了降级规,每 4 周会对不符合层级要求的账号执行降级,如当一个 L4 的账号 A,经审核近 4 周的粉丝活跃率不满足当前 L4 的要求,会被降到 L3。

三、达人号的内容推荐机制

达人号的账号晋级主要依据达人指数、内容价值分、粉丝价值分,只要达到等级对应的分值,就可以晋级,如图 8-18 和图 8-19 所示。

达人等级	达人指数分/分	内容价值分/分	粉丝价值分/分
L6	800	700	750
L5	700	600	600
L4	600	500	450
L3	450	450	300
L2	350	350	200
L1	250	250	——

图　8-18

项目 8 传统内容电商平台运营

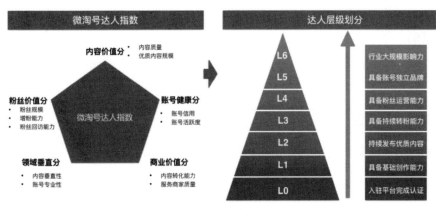

图 8-19

不同层级的达人享受的权益不同，如 L1 层级的账号，其内容才有机会被公域渠道采纳，L2 层级的账号将有机会被"账号发现"栏目推荐。另外，对于达人来说，其创作收益主要源于 CPS 佣金和 V 任务，L0 层级的账号即可拥有 CPS 结算权益，而 L2 层级及以上才能承接阿里 V 任务，如图 8-20 所示。

层级	工具权益					商业化权益					公域流量				
	角色申请	搜索直达	个人主页	群聊	内容号	V任务	CPS结算	粉丝通	粉丝头条	动态分佣奖励	微淘推荐扶持	微淘账号发现	微淘话题	渠道展示	定向合作
L6	✓	✓	✓	✓	✓	✓	✓	✓	✓	✓	✓	✓	种草达人	优先	优先
L5	✓	✓	✓	✓	✓	✓	✓	✓	✓	✓	✓	✓	种草达人	优先	优先
L4	✓	✓	✓	✓	✓	✓	✓	✓	✓	✓	✓	✓	种草达人	优先	有机会
L3	✓	✓	✓	✓	有机会	✓	✓	✓	✓	✓	✓	✓	种草达人	优先	有机会
L2	✓	✓	✓	✓	×	✓	✓	✓	✓	✓	✓	有机会	×	有机会	×
L1	✓	✓	✓	×	×	×	✓	✓	×	×	✓	×	×	×	×
L0	×	×	默认	×	×	×	✓	✓	×	×	×	×	×	×	×

图 8-20

1. 在新的层级制度下，商家号的微淘晋级更容易、更有目的性。L0 级到 L2 级只需要完成平台分发的个性化成长任务即可，另外，平台还推出不定期的成长激励，如可以跳级，直接晋级 L5 的任务，建议留意官方通知。

2. 目前，微淘中优质的主题清单不多，因此采纳率也比较低，建议商家多发上新和福利，更容易被采纳。

3. 除了被动等待公域采纳之外，还可以报名参加微淘的各类活动，或者向各个渠道投稿，主动出击，如图 8-21 所示。

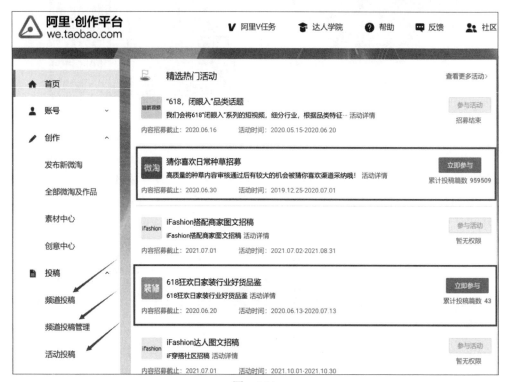

图 8-21

知识训练

1. 微淘图片的锚点越多越好。（　　）[判断]
2. 发布微淘时，标题的字数越多，获取的流量也会越多。（　　）[判断]
3. 微淘后台（　　）进行一次审核，确定升级或降级。[单选]
   A. 每月　　　　B. 每周　　　　C. 每季度　　　　D. 每半年
4. 下列不属于正文规范要求的是（　　）。[单选]
   A. 格式美观　　B. 清晰可读　　C. 言之有物　　D. 生动有趣
5. 简述 L1～L2 账号层级内内容规范有什么要求。

项目 8 传统内容电商平台运营

技能训练

"解读内容推荐机制"技能训练表,见表 8-4。

表 8-4

学生姓名		学　号		所属班级	
课程名称				实训地点	
实训项目名称		解读内容推荐机制		实训时间	
实训目的: 能够创作符合平台规则的优质主题清单内容。					
实训要求: 1. 选择一个店铺商品相关的主题。 2. 收集与主题相关的图片素材。 3. 发布主题清单微淘。 4. 关注主题清单的发布效果。					
实训截图过程:					
实训体会与总结:					
成绩评定(百分制)			指导老师签名		

二维码扫一扫,下载实训表格。

任务 8-4　创作微淘内容

萌萌了解了微淘的内容发布类型,也知道了如何定题,但是微淘效果的好坏主要与内容有关。选题再好,如果没有优质的、吸引用户的内容,所有的前期努力都不会有效果的。萌萌需要掌握微淘内容的创作方法,不断总结经验,提升内容的吸引力,从而获取更多的

205

关注。

知识目标：

1. 掌握微淘内容的标题、图片的创作方式。

2. 熟悉不同类目的图片选择要求。

技能目标：

1. 能根据具体的产品进行相应的内容创作。

2. 能指出微淘内容效果不佳的原因。

思政目标：

1. 在内容创作时，要尊重他人的劳动成果，不侵权、不违法。

2. 对侵权、违法的内容，要坚决抵制并如实举报。

2学时。

步骤1 登录千牛APP，找到微淘插件并进入微淘，如图8-22所示。

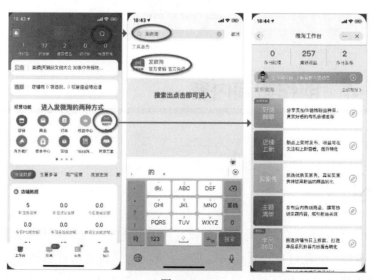

图 8-22

步骤2 点击"好货种草"入口，进入独立发布器快捷发布，如图8-23所示。功能说明如下。

（1）点击顶部，查看如何发布种草好文。

（2）点击添加图片，进行图片添加。

（3）点击标题部分，进行标题的输入。

（4）点击正文输入部分，可输入正文。

（5）点击小灯泡，可查看对正文撰写的指导。

（6）点击定时发布，可对内容进行定时配置（目前支持7天内配置）。

（7）点击"保存"，该内容将会进入草稿。

（8）点击"发布"后内容成功发布，页面跳转到发布成功页面。

图 8-23

通过在图片上关联商品的方式，可实现内容和商品的关联，且在前台卡片及内容详情页对宝贝进行独立透出。

一、创作标题

作为优质内容的"入口标志"，引人入胜的标题可以让阅读者对内容有更直观的感知。好标题不仅可以让读者更快地了解内容的大概方向，还会引发继续深入阅读的动力，可以通过呈现内容的要点和语法技巧来增加标题的吸引力。

1. 有效呈现内容亮点

标题对文章的有效描述必须有一定的关联性，并且在此基础上对内容进行提炼，把内容的亮点和吸引用户的关键词在标题中呈现，这是拟定标题的基本方法。

2. 标题设置的技巧

（1）引用热词。内容本身和热词的相关性越大，越能引起用户的关注，现阶段流行的热词可以快速地和阅读者建立连接点。

（2）数字。通过数字可以更加清晰地感知内容的体量或者核心重点，阿拉伯数字比汉字数字更醒目。

（3）细节描述。提炼文中有画面感的精彩看点，把容易引起共鸣的语句呈现在标题中，更能打动人心。

（4）标题要避免空洞的描述。

（5）不要把宝贝的标题简单地复制到标题中。

（6）不要引用偏门的词汇，或者喊固定的口号，如图8-24所示。

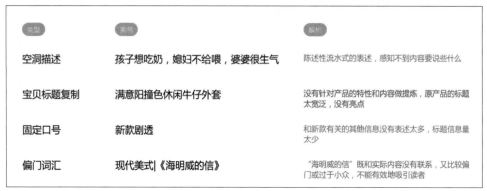

图 8-24

（7）表达形式让标题更有吸引力。展现内容的核心只是基础，通过一些表达技巧让标题更加引人入胜，勾起读者对内容的好奇心，可以大大地提升读者点击浏览详情页的概率，是拟定标题的提升技巧。

（8）放大观点。针对某些话题性的内容，可以在标题中把争议性大的观点亮出，引发读者的关注并引起疑问或者赞同，从而进入阅读。

（9）加强语气。陈述性的表述，如果无法体现内容的力度，可以改用问句的形式来增加读者对内容的好奇心。

（10）预留想象空间。在标题中留下想象空间的目的在于让读者感知他从标题中读到的只是冰山一角，下面有更丰富的宝藏等待他去挖掘，这样才能激发读者的点击欲望。

（11）符号化强调。双引号或者表情在标题中的运用可以突出核心关键词语引起读者的关注。

二、创作封面

内容化时代的淘宝内容呈现已经不再是普通的导购卖货，我们希望内容可以呈现出更多人格化的感知，人格化的内容应该是真实不刻意的，而非经过修饰的白底特效图、插画图等。

优质的封面图可以传达出内容的心智，通过真实的人物场景关键元素去呈现真实的感知，不同的类型、不同的类目需要传达的感知会有差异，如图8-25所示。

图 8-25

三、创作图集

以图集形式呈现的轻内容微淘，通过更真实的图片选取及有侧重的图片内容分配，可以更好地传达意图，取得效果。

在轻内容的微淘中，图片分配应该有所侧重，如整体、局部、体验等几种不同形式的内容穿插组合，这样的组合形式会让内容图片的感知更加丰富饱满，反之则令人略有疲惫感。

四、创作内容

创作内容方面，平台对不同类型的微淘内容有不同的要求，下面对种草、清单、上新以及短视频形式的内容创作思路做简单描述。

1. 种草类

微淘中的种草文与微信公众号中的文章类似，在创作方面更有灵活性，应当注意描述的逻辑性，尽可能地将宝贝的核心亮点以及使用心得进行生动的描述。

2. 清单类

宝贝清单的创作重点是选品和话题，需要用一个令人感兴趣的话题将几个宝贝联系起来形成专题。注意，不但选择的宝贝要优质、有市场需求，而且设置的话题也要有感染力、能吸引关注。

3. 上新类

上新形式的微淘内容，建议以店主的身份进行撰写，写明宝贝亮点和上新福利活动。

4. 短视频类

作为动态展现宝贝的方式，一个优质的短视频能够让宝贝的特点更加直观和生动地呈现，建议从"有用"的角度进行创作，将宝贝的功能及使用方法展示出来。

1. 要图文并茂，单一类型的纯图不利于内容的表达，纯文字不容易引发读者的兴趣。
2. 标题长度合理，不要特别短，也不要过长。
3. 发布长文章，正文内容要精，不能为了长而长。注意原创性、逻辑性和趣味性。
4. 商品推荐一定要有明确的理由，不要堆砌商品。选择推荐的商品优质度要高，是否是正品、是否为优质卖家商品、商品本身的用户口碑情况、商品价格是否合理等情况均要深入了解。

知识训练

1. 微淘的标题应该简短精悍、简洁明了。（　　）[判断]
2. 不同类的产品在图片选择上是不同的。（　　）[判断]
3. 微淘的内容应该紧跟社会热点，多发热点新闻，这样用户比较爱看。（　　）[判断]
4. 简述微淘内容创作的步骤。
5. 以某件产品为例进行内容创作图片选择，并阐述其原因。
6. 在创作微淘内容的时候，什么要素最重要、最能影响呈现效果？

技能训练

"创作微淘内容"技能训练表，见表8-5。

表 8-5

学生姓名		学　号		所属班级	
课程名称				实训地点	
实训项目名称	创作微淘内容			实训时间	
实训目的： 掌握微淘私域内容的创作方法和技巧。					
实训要求： 1. 利用手机发布一篇好货种草的微淘内容。 2. 24h后查看微淘的相关数据。 3. 分析数据，找到可改进的地方。					
实训截图过程：					

（续表）

实训体会与总结：			
成绩评定（百分制）		指导老师签名	

二维码扫一扫，下载实训表格。

任务 8-5　获取与运营粉丝

经过一段时间的运营，萌萌的微淘在内容方面有了很大的提升，看到浏览量、点赞量、评论数等数据都有明显的增长，她很开心。接下来，她准备多花点心思在微淘粉丝的运营方面，设计一些福利活动和互动玩法，让新粉涨起来、老粉活跃起来，以提升转化率。

知识目标：

1. 了解微淘粉丝的含义及粉丝的构成。
2. 掌握用户和粉丝的获取方法。

技能目标：

1. 能够将店铺用户转化为店铺粉丝。
2. 能够用多种方法增加店铺粉丝。

思政目标：

1. 开拓思路，具备全面思考问题的能力。
2. 锻炼分析问题、解决问题的能力。

建议学时

2学时。

操作步骤

粉丝福利的发布流程。

步骤1 登录千牛卖家工作台，选择"发微淘"→"粉丝运营"，如图8-26所示。

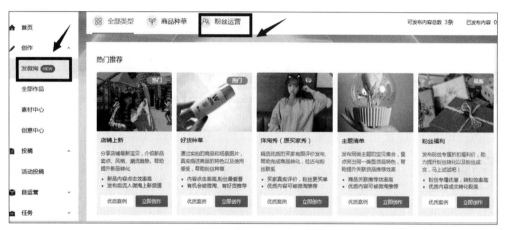

图 8-26

步骤2 选择"粉丝运营"，有"洋淘秀"和"粉丝福利"，如图8-27所示。

图 8-27

步骤3 选择"粉丝福利"→"立即创作",设置相关信息,如图 8-28 所示。

图 8-28

一、微淘粉丝及其构成

微淘粉丝主要由"健康粉丝""沉默粉丝""异常粉丝"三类构成。健康粉丝是指淘宝普通用户,沉默粉丝是指未经过支付宝实名认证且连续 6 个月未登录且不存在任何未到期有效业务的账户,而异常粉丝指通过非正常手段获取的粉丝异常增长。

微淘账号的活跃度主要取决于粉丝的浏览时长、点赞率、评论率及转化率等互动数据。因此,运营微淘的目标之一,就是让健康粉丝不断增加,让沉默粉丝不再沉默。

二、获取新粉丝

粉丝数是创作者进行等级提升、获取更多权益的重要标准,也是衡量一个内容创作者私域运营能力的重要指标。对于阿里•创作平台新入驻创作者来说,没有粉丝的积累,很难获得成长和后续平台的培育。目前，平台鼓励的拉新渠道主要有两种：①通过外部社交平台和工具拉新，即平台外拉新。②通过淘宝公域渠道拉新，即平台内拉新。

1. 平台外拉新渠道

建议创作者选择面向消费者端的平台进行推广，如微博、微信、QQ 和今日头条等，并在多平台间保持昵称的统一，方便用户识别。请不要选择偏向商家端的平台进行推广，如淘宝论坛。因为商家端的用户消费诉求相对少，这些用户基本上不回访，只会形成僵尸数据。

阿里·创作平台主要提供以下几种方式进行平台外拉新，见表 8-6。

表 8-6

分享方式	分享流程	用户查看
直接复制链接分享	打开微淘主页，点击右上角"更多"，点击"分享账号"，复制链接淘长图或当面扫码	用户可直接点击链接进入主页（不适用于微信和QQ）
二维码分享	打开达人主页，点击右上角"更多"，点击"分享账号"，点击淘长图或当面扫码	用户可使用手机淘宝 APP 扫码进入主页
淘口令分享	打开主页，点击右上角"更多"，点击"分享账号"，生成淘口令，复制后粘贴进微信、QQ 等平台分享	用户可通过淘口令查看

2. 平台内拉新渠道

平台提供两种主要的渠道进行拉新，即分享给淘友拉新和公域渠道拉新。公域渠道拉新和创作者等级、权益具有对应关系，对于新入驻的创作者，可以使用的公域渠道较少。

（1）分享给淘友拉新，创作者可以将主页推荐给已经添加的好友。

（2）部分渠道或官方招稿活动是没有创作者等级要求的，只要内容健康度达到一定的程度，就可以申请渠道，通过渠道审核后，在渠道内做内容来获取粉丝，但是这个路径会受到等级约束和渠道流量的影响。例如，等级较低的创作者通过率较低；或者这类渠道和官方招稿活动往往需要的内容量较大，单篇内容平均获得的流量较低，所以获取流量和转粉的效率并不会很高。

我们可以结合自身情况，通过站内和站外的分享，持续增加内容曝光量、增加粉丝。但要注意，不建议刷粉丝。因为，一方面平台严厉打击各种方式的刷粉、买粉行为；另一方面刷出来的粉丝即使没有被处罚，也不会带来任何经济价值，反而会降低粉丝的活跃度，最终影响达人指数，影响账号的健康度。

三、将用户转化为粉丝

用户主要通过内容进入创作者的私域，然后产生兴趣、开始关注，为了吸引更多的用户成为你的粉丝，就需要在主页装修、内容强化、营销玩法上对用户产生刺激。

1. 主页装修

阿里·创作平台提供了丰富的工具对达人主页进行自定义编辑，达人可在装修中对用户进行引导转换，如在用户个性签名、主页背景中，均可以加入刺激用户吸粉的文案或图片。

2. 内容强化

创作者可以在详情页（单品、帖子、视频、搭配和清单等）、直播间中通过文案、口播吸引用户的关注，让用户在浏览内容的同时产生关注兴趣。

3. 营销玩法

创作者可以通过关注后抽奖、粉丝达到一定数量后抽奖等方式刺激用户关注。达人主页后续将会陆续推出更多的工具以满足创作者的多样玩法。

四、增加微淘粉丝的关注量

1. 增加自动回复

设置自动回复，这样当店铺有用户下单或者旺旺咨询时，就能引导买家关注店铺微淘。

2. 设置引导语和福利

可以在店铺比较醒目的位置设置引导关注的引导语，最好再配上一些福利，如"关注领取 5 元红包"等，从而刺激买家关注。

3. 二维码推广

在日常发货的包裹中可以放入印有二维码的卡片，并配置福利，如"扫码关注返现 3 元"等。

4. 做好微淘内容规划

微淘终究还是要靠内容，因此要做好每周的微淘内容规划，如某天是上新活动、某天是微淘互动活动，渐渐固定下来，这样可以帮助粉丝形成固定的阅读习惯，也可以让新粉丝更加容易了解和产生兴趣。

5. 适当蹭热点

热门话题和段子自带流量，可以结合自身情况，选择合适的热点进行加工创作。

6. 公域采纳

关注站内的各类投稿活动，争取公域采纳机会。

7. 账号矩阵

在站外的一些主流平台，注册并运营同名账号，方便将微淘内容进行站外推广，获取更多的流量。

经验分享

1. 淘金币免费兑换产生的 0.01 元成交记录不会计算为最低价，其他任何促销、改价都会被计算。

2. 系统定期扫描粉丝价宝贝的所有历史折扣，如果不是历史最低价，将自动从店铺动态广场屏蔽。

3. 不能小于店铺最低折扣，淘宝网为降低卖家操作风险，店铺最低折扣默认为 7 折，要设置更小的折扣，需进入卖家中心后台调整。

同步训练

知识训练

1. 下列不属于微淘粉丝构成的是（　　）。[单选]
A. 健康粉丝　　　　B. 沉默粉丝　　　　C. 异常粉丝　　　　D. 活跃粉丝

2. 下列不属于平台外拉新的是（　　）。[单选]
A. 分享给淘友拉新　　　　　　　　B. 直接复制链接分享
C. 二维码分享　　　　　　　　　　D. 跨平台快速分享

3. 将用户转化为粉丝的途径有（　　）。[多选]
A. 主页装修　　　B. 内容强化　　　C. 营销玩法　　　D. 内容宣传

4. 增加粉丝关注量的途径有哪些？

5. 怎样理解微淘粉丝？

6. 根据自身店铺情况，设计一项可行的福利活动。

技能训练

"获取与运营粉丝"技能训练表，见表 8-7。

表 8-7

学生姓名		学　　号		所属班级	
课程名称				实训地点	
实训项目名称	获取与运营粉丝			实训时间	
实训目的： 掌握增加粉丝的方法。					

（续表）

实训要求： 1. 发布一条微淘内容。 2. 把微淘内容推广到微博、微信和贴吧等网络平台。 3. 关注店铺粉丝的增长情况。 4. 分析推广方式存在的问题。 5. 优化店铺增加粉丝的方法。			
实训截图过程：			
实训体会与总结：			
成绩评定（百分制）		指导老师签名	

二维码扫一扫，下载实训表格。

项目 9 新型内容电商平台账号运营

（以小红书为例）

最近，一些网络热词如"KOC""种草""带货"……经常被刷屏，其中，小红书是目前把"内容+电商"两种属性结合较好的电商平台，用户很愿意接受这种模式。大部分互联网社区更多地依靠线上虚拟身份，而小红书用户发布的内容大多来自真实的生活，分享用户必须具备丰富的生活和消费经验，才能在小红书分享，继而吸引粉丝关注。

项目提要

提到小红书大家首先想到什么？各种分享和种草？它是"90后""00后"在APP中的首选平台。2013年，小红书成立时单纯做PGC内容，到如今已成为一个以UGC内容为主的生活方式分享平台。小红书账号分为普通账号和认证账号，通过认证的账号可以提升信誉，达到更好的营销效果。本项目以小红书账号的运营为例，分别从入驻平台、定位账号、撰写标题、撰写正文和吸引粉丝5个任务来解析个人、商家和自营供应商在该平台的运营。

项目思维导图

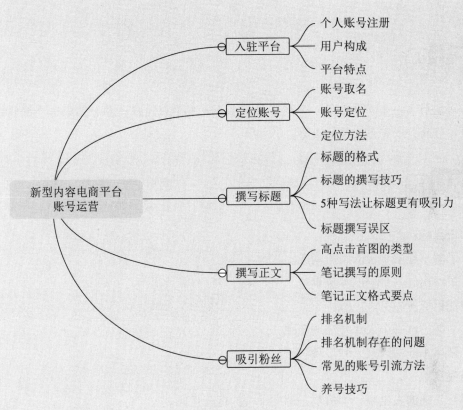

引例

小丽看到周围的朋友特别会化妆,自己很想学,但她不知道平常妆和淡妆有什么区别?也不知道淡妆需要什么工具。一位朋友推荐她去看小红书,要根据自己的肤色、肤质找到适合自己的化妆技巧,可以先模仿别人再逐渐掌握秘诀,也可以从注册个人账号开始。一段时间之后,小丽开始分享一些化妆心得并获得了较多的阅读和点赞量,粉丝越来越多。慢慢地小丽成为了小红书的品牌合作人,有很多商家主动找到她并免费邮寄样品给她,有些商家还会付费请她探店。

建议学时

10学时。

任务 9-1 入驻平台

小丽注册了一个护肤账号,她用手机号在小红书平台注册,并分享了这个过程中的操作技巧和经验,以避免账号的浪费。

知识目标:
1. 了解小红书平台的用户构成。
2. 了解小红书平台的注意事项。

技能目标:
1. 掌握小红书个人账号注册步骤。
2. 掌握小红书商家入驻步骤。

思政目标:
树立正确的人生观、价值观,遵守平台的运营规则。

2 学时。

一、个人账号注册

步骤1 手机应用端下载小红书APP后,打开小红书注册界面,点击"注册"按钮,如图9-1所示。

步骤2 完成授权后,输入手机号,填写验证码就可以注册。或者通过第三方应用进行登录,如图 9-2 所示。

图 9-1

图 9-2

步骤3 完善个人信息。点击"输入你的生日"便可打开生日选择,上下滑动页面便可选择年、月、日,完成后点击"确定",如图 9-3 所示。

步骤4 选择感兴趣的内容。这里是必选项,可以根据个人账号的相关领域至少勾选4个,如图 9-4 所示。

图 9-3

图 9-4

步骤5 点击"下一步"按钮,此处"值得关注的用户"为非必选项,如果没有想法可点击"下一步"按钮,如图 9-5 所示。

步骤6 完善信息，如图 9-6 所示。

（1）点击上传头像图标，打开底部选项，拍摄或者从相册中寻找。

（2）获得一张图片后，可按住图框移动图片，实现调整图片的目的。

（3）确定好头像后，点击"下一步"按钮，返回到完善信息页面。

（4）给账号起名后，点击"完成进入首页"按钮。

（5）稍等片刻，系统会自动生成首页。

至此，便完成了小红书的注册。

图 9-5

图 9-6

二、小红书商家入驻

步骤1 注册小红书商家入驻系统，登录链接：http://gaia.xiaohongshu.com/login，如图 9-7 所示。

图 9-7

项目 9 新型内容电商平台账号运营

步骤2 填写入驻信息,填写公司信息及资质、店铺联系信息,如图 9-8 所示。

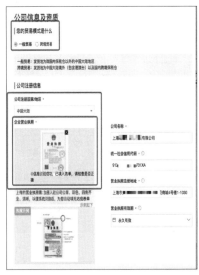

图 9-8

步骤3 填写店铺类型,小红书暂时只接受旗舰店及专卖店两种店铺类型,如图 9-9 所示。

图 9-9

步骤4 填写店铺信息、品牌信息和商标信息,如图 9-10 所示。

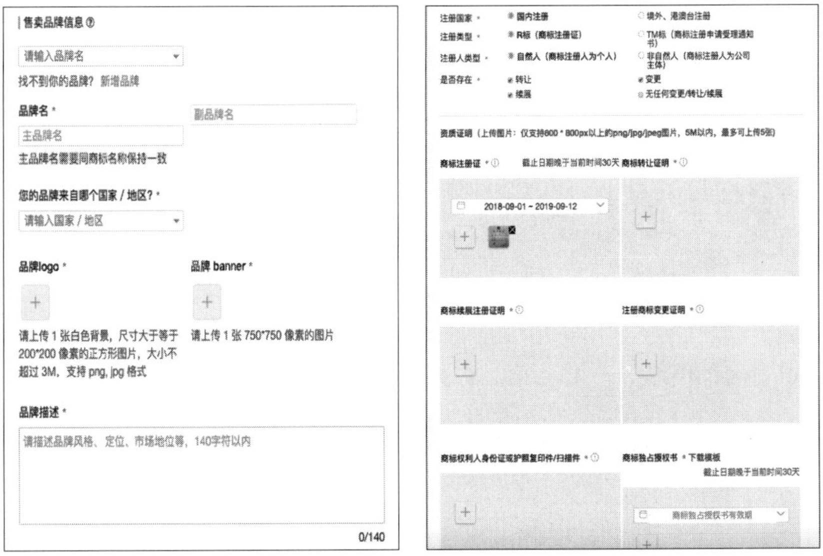

图 9-10

223

步骤5 填写店铺信息——资质授权，如图 9-11 所示。

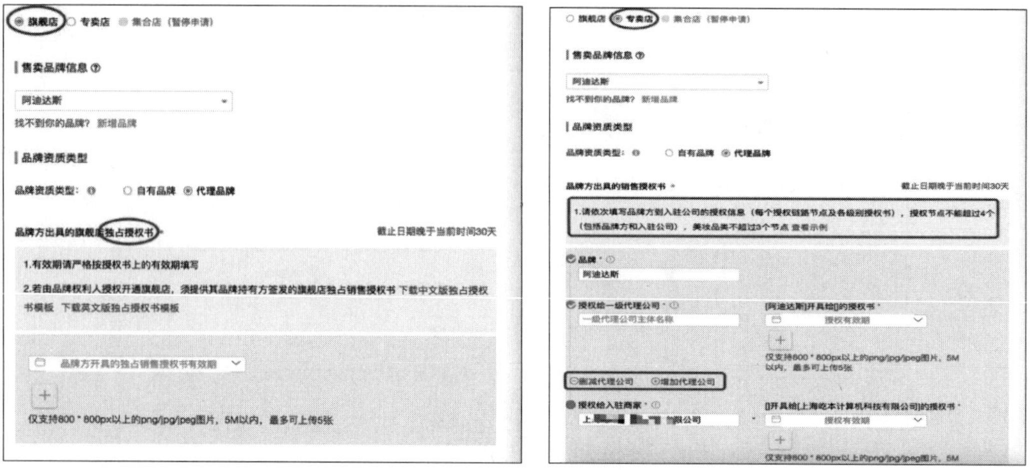

图 9-11

步骤6 填写店铺信息——渠道信息和店铺命名，如图 9-12 所示。

步骤7 填写店铺信息——品类信息，如图 9-13 所示。

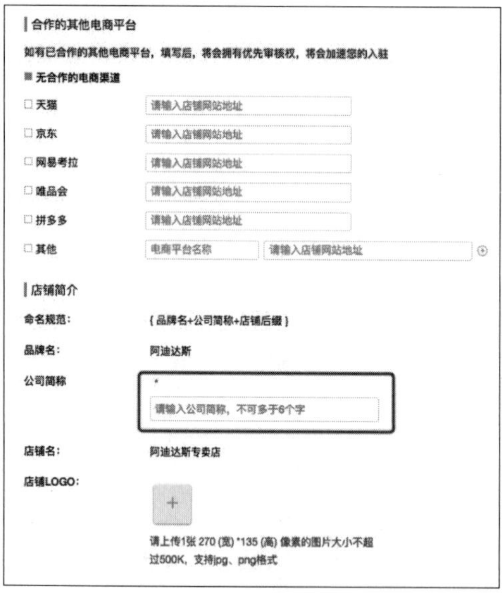

图 9-12 　　　　　　　　　　　图 9-13

步骤8 填写店铺信息——财务信息，如图 9-14 所示。

项目 9 新型内容电商平台账号运营

图 9-14

步骤9 完成资质审核后，企业将与小红书签署合同。

步骤10 完成小红书商家培训，登录小红书商家管理平台，便可以开店了。

相关知识

一、用户构成

小红书用户构成，如图 9-15 所示。

1. 头部博主 / 明星

质感担当、影响力广泛、个人特色鲜明的人。明星和头部 KOL 在小红书有着天然的个人 IP 优势，明星粉丝黏性高、更有带货或品牌宣传能力。

2. 潜力博主

亲切感，账号人设丰富多元化并且容易形成真实口碑风向。潜力博主带动爆款话题、炒热爆款单品、具化品牌形象。

3. 普通用户

流量和口碑的基石。潜在的消费者，通过个人的真实分享、买家秀并能直接转化购买。在小红书里，每个人都可以是传播的主体，品牌企业先让明星和头部 KOL 推相关内容，提高产品的曝光和话题，再由潜力博主进行扩散，形成用户带动用户的共创氛围。快速跟进普通用户，不断辐射相似的个体群，最终形成圈层，由一个核心点向外部扩散式传播，为爆款产生打通链路或起到品牌宣传的目的。

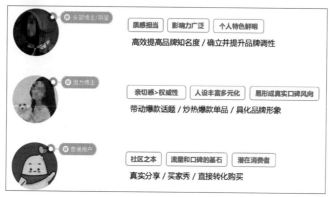

图 9-15

4. 用户和品牌

在小红书平台，60%是一、二线城市用户，70%是"90后"用户，90%的用户在小红书了解品牌、商品信息，每日有超20万的新笔记生成。

截至2019年1月，品牌可以通过"内容和互动"，传递品牌故事以及建立用户联系，有超5 000品牌账号、超26 000品牌公共主页、超11 000日均标记品牌的笔记。

二、平台的特点

小红书是年轻人的生活方式平台，以"分享和发现世界的精彩"为使命，用户可以通过短视频、图文等形式记录生活点滴，分享生活方式，并基于兴趣形成互动，如图9-16所示。

图 9-16

1. 构建"真实、美好、多元"的场景

通过构建"真实、美好、多元"的社区氛围助力品牌与用户的深度连接。"真实"主

要通过互动话题、激发用户共鸣、沉淀口碑和粉丝评价互动来实现。"美好"主要通过利用图像视觉工具、创作精彩内容和讲述品牌故事来实现。"多元"主要通过从小商家到大品牌、切入多样化场景和找到目标用户来实现。

2. 构建"内容、营销、交易"的商业化生态

通过"内容、营销、交易"构建商业化生态。"内容"主要指品牌账号和品牌合作人。"营销"主要指开屏广告、信息流广告和品牌互动话题。"交易"主要指社区电商和新电商。

商业化生态基于"品牌号"一站式全闭环，如图 9-17 所示。

图　9-17

（1）内容商业化生态——品牌合作人。品牌合作人平台（https://influencer.xiaohongshu.com），助力品牌提升合作人的合作效率和质量，如图 9-18 所示。

图　9-18

登录后，有三种身份选择，即品牌方、内容合作机构和创作者，如图 9-19 所示。

图 9-19

挑选适合产品推广的品牌合作者,如图 9-20 所示。

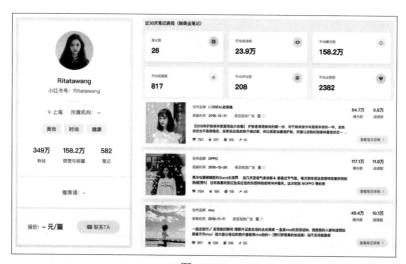

图 9-20

(2)营销商业化生态——广告。有三种广告展现给用户。第一种是开屏广告,集中曝光,全方位包围用户,助力品牌宣传。第二种是信息流广告,放大品牌传播内容,如图 9-21 所示。第三种是火焰话题,直达用户注意力焦点,直达话题页面,如图 9-22 所示。

图 9-21

图 9-22

(3) 交易商业化生态——交易。一站完成从"种草"到"割草"的闭环,从关键词搜索、笔记阅读,跳转到官方旗舰店。从真实分享经验或感受,到在用户心中"种草""长草",再到购买"割草"的交易过程。

经验分享

1. 小红书的昵称可以重复。昵称要体现定位。昵称每个月可以修改一次。昵称中不能出现微信号。图片建议用真人头像或动漫头像。

2. 小红书可以用 QQ、微信、手机、微博等注册,前期练习建议使用 QQ 账号,后期运营使用手机号注册。

3. 很久没用过的账号,建议不要再使用。重新注册时,使用的手机号不能和之前一样,使用旧手机号注册会被平台认为和之前不能用的账号有关联,从而影响新账号的流量分配。

同步训练

知识训练

1. 小红书账号名字每月可以修改（　　）次。[单选]
A. 1　　　　　　B. 2　　　　　　C. 3　　　　　　D. 4

2. 小红书的企业店铺类型有（　　）。[多选]
A. 旗舰店　　　　B. 专营店　　　　C. 专卖店　　　　D. 个人店

3. 相比其他网购网站,小红书有哪些优势？

4. 简述小红书平台的用户构成。

5. 简述小红书平台个人注册的步骤。

技能训练

"入驻平台"技能训练表，见表 9-1。

表 9-1

学生姓名		学　号		所属班级	
课程名称				实训地点	
实训项目名称		入驻平台		实训时间	
实训目的： 熟练掌握小红书平台个人注册的步骤。					
实训要求： 1. 用自己的手机号、微信或 QQ 等注册个人小红书账号。 2. 小红书账号链接。					
实训截图过程：					
实训体会与总结：					
成绩评定（百分制）			指导老师签名		

二维码扫一扫，下载实训表格。

任务 9-2　定位账号

小丽已有一家网店，近期打算拓展其他业务，于是在小红书上注册了一个账号，每天发布 2～3 篇笔记，希望以此来吸引相关领域的用户关注她。但是，一个月过去了，她的账号的粉丝增长量很慢，到底是什么原因导致了这个结果？

项目 9　新型内容电商平台账号运营

知识目标：

1. 了解小红书名称的作用。

2. 了解小红书定位的意义。

技能目标：

1. 能修改小红书账号名称。

2. 能掌握小红书账号的定位方法。

思政目标：

1. 能够清晰地分析行业发展趋势，明确自己的定位。

2. 传播正能量，账号定位积极向上。

2 学时。

步骤1 在手机上点开小红书 APP，登录小红书账号，如图 9-23 所示。

步骤2 进入小红书 APP 首页界面，在下面的菜单栏中找到"我"按钮，如图 9-24 所示。

图 9-23

图 9-24

231

步骤3 进入"编辑资料"界面，按照提示要求完善账号资料，如图 9-25 所示。

步骤4 如果需要修改名字，进入"修改名字"界面，在输入框中输入名字，如图 9-26 所示。

步骤5 点击右上角的"完成"按钮，小红书的名字就修改成功了，如图 9-27 所示。

图 9-25　　　　　　　　　图 9-26　　　　　　　　　图 9-27

相关知识

一、账号取名

好名字不仅能提高账号的辨识度，还可以自带流量，在用户的心智中形成定位。一看到账号名字就知道这个账号是做什么的，有利于品牌传播，便于后续导流广告的变现。

1. 好名字的三个标准

（1）好记忆。好名字容易让人记住，如苹果、今日头条、小米等，一提到它们，就知道它是做什么的。

（2）好理解。好名字一定是好理解的，提到微信、QQ 就会想到社交平台，提到今日头条就会想到新闻资讯。

（3）好传播。提到某个名字，就会在用户心智里形成一定的印象，如马蜂窝，公司名原来用的是蚂蚁的"蚂"，吉祥物是一只蚂蚁和一只蜜蜂，在向别人介绍的时候，蚂蚁的"蚂"容易混淆，最终企业把"蚂"改成了"马"，让这个用了 7 年之久的名字有了新面貌，更容易传播。

2. 借鉴寻找灵感

可以借鉴某领域账号，以小红书"母婴育儿"领域的账号寻找灵感，如图 9-28 所示。当看到"育婴师安安米琪"，联想"育婴师 coco""育婴师暖暖"……当看到"辣妈之友原大酥"，联想到"辣妈 mickey""辣妈 cici"……当看到"我叫小豆浆"，联想到"我叫小年糕""我叫小草莓"……

图 9-28

小红书有多个领域，应找到适合自己账号的领域，也可以跨平台，如微信公众号、视频自媒体、直播达人、新浪微博等借鉴，如图 9-29 所示。

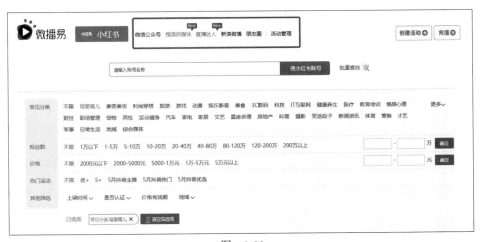

图 9-29

3. 名字类型

（1）学习成长型。小红书主要以种草为主，知识类、教学类的文章更是小红书平台的重点。学习成长型的名字如何取呢？如和某一项技能或某一个知识类目相关，就很容易引发用户的兴趣，如图 9-30 所示。

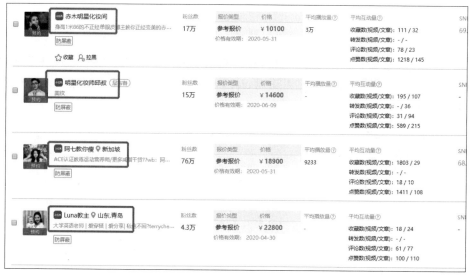

图 9-30

（2）特定人群型。垂直类，只针对某特定人群，主要聚焦在某领域和内容范畴，如图9-31所示，如健身、装修和生活美学家，明确告诉账号主要聚焦在这些垂直领域和内容范畴。

图 9-31

（3）职业昵称型。职业昵称人格化，让用户觉得是真实存在的人，如平面设计小仙女、美食体验小美，小仙女和小美，听起来很亲切，如图9-32所示。

图 9-32

（4）意见领袖型。名字权威，突显专业度，结合专业内容输出，让账号的价值最大化，如图 9-33 所示。

图 9-33

二、账号定位

小红书账号的定位需要思考 5 个问题：①你是谁？②你要给用户看什么内容？③你和别人有什么不同？④用户为什么要看你？⑤你有自己的优势吗？

运营小红书账号，首先需要定位，账号定位的意义如下。

1. 给用户明确的第一印象

账号的定位，让用户能够快速地了解"你是谁""你在做什么"，提供的内容是不是用户所需要的。例如，第一眼看到某个人时，首先注意他的外貌特征，如高矮胖瘦等，这就是给人留下的第一印象。

2. 通过差异化突围，给用户一个关注的理由

差异化突围有两个方面：一方面是让平台能认识到"你的差异化"；另一方面要让用户认识到"你的差异化"，差异化给了用户一个关注你的理由。常见的差异化方法如下。

（1）人无我有。别人没有的内容，但"我"（账号）最全面。"我"（账号）有就是特色，如翻译转发一些国外的信息。

（2）人有我全。别人已经有的，但"我"（账号）最全面，也最有特色。

（3）人全我精。别人已经很全面了，那"我"（账号）就做精品化的内容，如冷笑话精选，专门生产搞笑内容。

（4）人精我专。别人已经精品化了，那"我"（账号）就走专业化路线，像各行业内的专业化微博，如专业健身。

（5）人专我独。别人已经很专业了，那"我"（账号）就走个性化路线。例如，某微博博主养了一只猫和一只狗，每天他就在微博里记录它们的生活，也有几十万粉丝。

3. 明确内容生产和变现的方向

结合用户的需求、自己的内容生产能力、变现的方式做好账号定位，才能保持后续内容的持续产出，保证账号能持续化地运营。

4. 迎合平台的喜好，持续获得流量的扶持

符合平台的价值观，鼓励账号在平台上持续、稳定地产出垂直内容，平台才会不断地给予流量支持。

账号定位决定了吸引什么样的用户人群，拥有什么样的涨粉速度，获得什么样的引流效果，拥有什么样的变现方式，什么样的定位就会有什么样的内容布局。

5. 持续原则

做内容、做自媒体最重要就是稳定、持续。如果不更新，大部分平台的规则和算法机制会导致账号的权重下降，推荐量会降低，用户会逐渐流失。

三、定位方法

账号定位是运营账号的开始，小红书账号如何定位呢？

1. 优选热门领域

选择大于努力，在运营小红书账号的时候，首先思考在该平台哪类笔记更容易上热门，如图9-34所示。

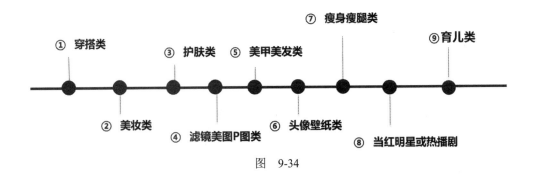

图 9-34

(1) 穿搭类。衣服搭配一直是热门话题,如图 9-35 所示。

(2) 美妆类。化妆技巧一直是热门话题,如何化透明妆?如何化淡妆?如何画眉毛?……如图 9-36 所示。

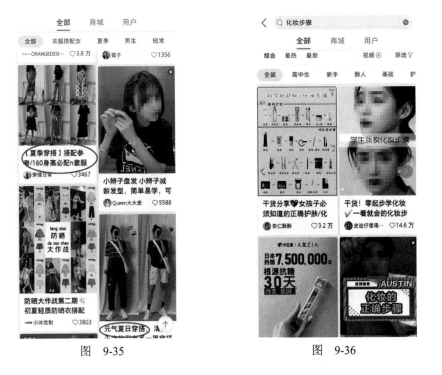

图 9-35　　　　　　　　图 9-36

(3) 护肤类。正确的护肤顺序、科学的护肤步骤、齐全的护肤成本科普……如图 9-37 所示。

(4) 滤镜美图 P 图类。女生都爱美,怎么拍漂亮,怎么拍角度好,各种美图的经验分享……如图 9-38 所示。

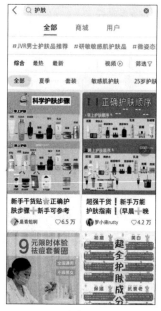

图 9-37

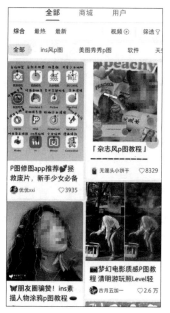

图 9-38

（5）美甲美发类。美甲、指甲护理、颜色、适合节日的美甲……如图9-39所示。

（6）头像壁纸类。搜集一些喜欢的类型头像做壁纸，如图9-40所示。

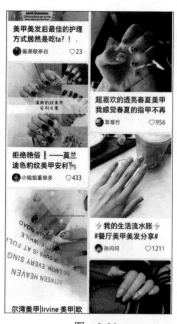

图 9-39

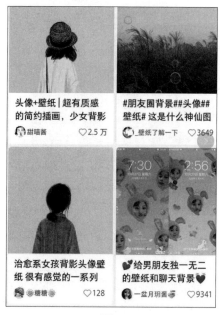

图 9-40

（7）瘦身瘦腿类。减肥瘦身是女生永远关注的话题，如图9-41所示。

（8）当红明星或热播剧。当下最热的电视剧或明星话题，如图9-42所示。

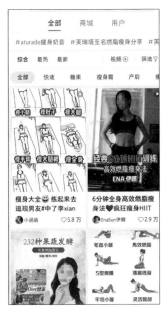

图 9-41

图 9-42

（9）育儿类。新手妈妈们常聊的话题，找到共同的育儿经验并产生共鸣，如图 9-43 所示。

2. 依据个人的兴趣爱好

兴趣是最好的老师，选择个人喜好的领域，结合自己的特长才能保证持续、稳定的内容产出，如喜欢摄影，可选择摄影类领域，如图 9-44 所示。

图 9-43

图 9-44

3. 洞察市场需求

热门领域之外，还有许多领域，如英语、视频剪辑和歌曲分享等也有市场需求，需求量的大小，根据具体产品具体细化。

4. 确定目标用户群体

先确定目标用户，再确定定位。确定好目标人群，针对这类人群的喜好、习惯和需求来确定内容规划，否则推广效果会不佳，如图 9-45 所示。

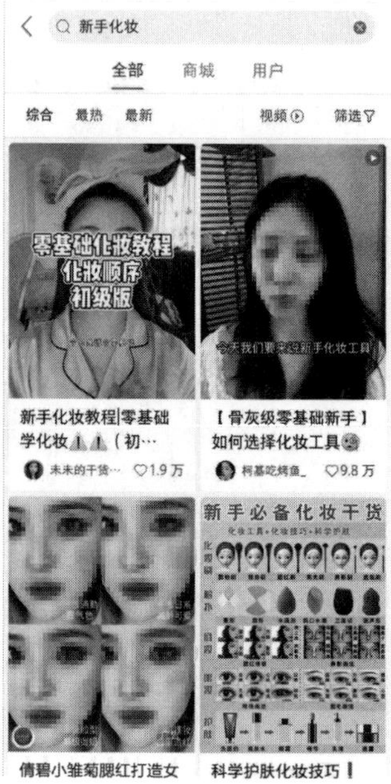

5. 垂直小众的领域

随着平台的发展，内容领域越来越多样化，小红书现有的主要分类有美食、护肤、运动健身、VLOG、时尚、彩妆、搞笑、萌宠、音乐、影视综艺、游戏电竞、情感、摄影、家居家装、绘画、发型、美甲、流行、明星、母婴、萌娃、科技数码和汽车等，如图 9-46 所示。

图 9-45

垂直领域是指只专注某一行业某一部分，粉丝属性限定为某类特定群体。做内容一定要有侧重点，侧重用户喜欢及需求的内容。选择一些垂直化又比较小众的领域，如英语学习、房屋设计和 30 岁养生等，不是热门但是小众垂直，推广效果反而更精准，如图 9-47 所示。小众垂直领域也要结合自己的兴趣爱好，才能持续、稳定地输出高质量的产品内容。

图 9-46

图 9-47

项目9 新型内容电商平台账号运营

经验分享

1. 小红书账号定位时，避免在自己完全不熟悉的领域，出现焦虑性动作。焦虑性动作就是看到平台上某账号爆了，或者某篇笔记又暴涨了，就争相模仿，每天刷数据，想办法把自己的笔记向爆文上靠，模仿标题、模仿写法，这些都是焦虑性动作。

2. 小红书账号定位注意避免目标人群范围太广，只有缩小受众群体才能更迅速地得到传播。

3. 先明确人群，再定位账号，找到自己的兴趣爱好持续、稳定地产出。

同步训练

知识训练

1. 小红书账号名称一个月可以修改（　　）次。[单选]
A. 1　　　　　　　B. 2　　　　　　　C. 3　　　　　　　D. 4

2. 小红书账号定位的目标人群应该越大越好。（　　）[判断]

3. 小红书账号取名只需要好听就可以了。（　　）[判断]

4. 假如你在小红书平台上写育儿类的笔记，你需要思考哪些问题？

5. 小明的公司准备注册一个小红书账号，后期用来推广自己的产品，小明作为此项工作的负责人，他前期应该做哪些工作？

技能训练

"定位账号"技能训练表，见表9-2。

表 9-2

学生姓名		学　　号		所属班级	
课程名称				实训地点	
实训项目名称		定位账号		实训时间	
实训目的： 掌握小红书账号定位的相关内容。					
实训要求： 1. 根据个人优势及兴趣爱好，为小红书账号选择合适的名称。 2. 确定目标客户群体。					

实训截图过程：			
实训体会与总结：			
成绩评定（百分制）		指导老师签名	

（续表）

二维码扫一扫，下载实训表格。

任务 9-3　撰写标题

先做个测试，现在有三个色号的粉底液，还有产品的卖点和说明，让你来写一篇针对干性皮肤、油性皮肤和混合型皮肤如何选色号的笔记。账号的定位已经确定了，是针对18～25岁年轻、时尚的大学生或小白领。接下来，要给这篇笔记起个标题，怎么做？

知识目标：

1. 了解小红书笔记拟定标题的步骤。
2. 熟悉小红书笔记标题的作用。

技能目标：

1. 掌握小红书笔记标题的撰写技巧。
2. 掌握小红书标题的格式要求。

思政目标：

1. 传播正能量，不哗众取宠。

2. 实事求是，脚踏实地。

2学时。

操作步骤

步骤1 登录小红书平台首页，如图9-48所示。

步骤2 点击"+"按钮进入内容发布页，选取图片或视频，并对要发布的内容添加标签，点击"下一步"按钮，如图9-49所示。

步骤3 为发布的内容设置合适的标题，如图9-50所示。

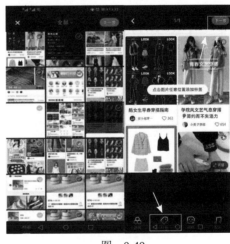

图 9-48　　　　　　　　　　图 9-49　　　　　　　　图 9-50

相关知识

一、标题的格式

（1）标题限定在20字以内，如图9-51所示。

图 9-51

（2）标题中不要出现空格，如"敷面膜的正确姿势"。

（3）标题中要有关键词，要与话题和内容相关，如瘦身、减肥，如图 9-52 所示。

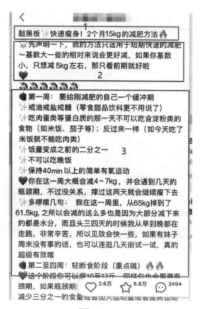

图 9-52

二、标题的撰写技巧

1. 特定人群关键词 + 主题

在撰写小红书标题的时候，作者要时刻记着关键词和主题内容，特定人群关键词直接体现在标题中，如学生××搭配、学生适合的护肤、学生党，如图 9-53 所示。

图　9-53

2. 善用数字标题

在标题中，数字一般会具有更高的辨识度，更能引起关注。权威性的数字能利用从众心理进行引导，如图 9-54 所示。

图　9-54

3. 热搜词

有经验的博主，会在标题中植入平台热门的关键词。例如，有段时间"糖果色"这个词在小红书特别火，作者就要有意识地让这个关键词出现在标题当中，如图 9-55 所示。

图 9-55

4. 绑定大牌进行类比

例如，比××性价比更高、廉价版的××……绑定大牌可以蹭到品牌热度。如果产品形象还不够鲜明，单靠直白的表述很难让人明白产品的功效和性能。通过类比，可以通过人们对品牌产品的了解，更直观地了解你的产品，既增加了好感度，又提升了转化率，如图9-56所示。

5. 反向思维

标题采用反向思维，如"千万不要买××代言的××！会中毒"，如图9-57所示。

图 9-56　　　　　　　　　图 9-57

6. 借助大咖明星的流量

在垂直领域中，每个领域都会有一些网红或是达人，他们自带粉丝、自带流量。在小红书平台中，女神级别的 KOL 或明星有很大的影响力，可以通过借势提高曝光量，如"范某的同款口红"，这样就可以间接地借助这位明星的名气，提高文章的曝光量。这样做能使用户对品牌更加信任，因为明星也在用，对品牌有提升作用，如图 9-58 所示。

7. 节日关键词 + 主题

例如，七夕情人节礼物、情人节出去看电影，如图 9-59 所示。1～12 月的各种节日，总能找到适合自己的产品的主题去写小红书文章，如图 9-60 所示。

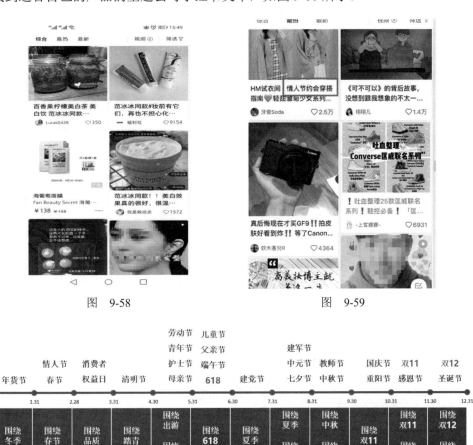

图 9-58　　　　　　　　　　图 9-59

图 9-60

8. 季节 + 关键词

例如，初春搭配、夏季美甲、夏季穿搭和秋冬化妆等，如图 9-61 所示。

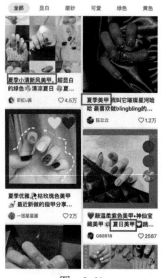

图 9-61

9. 测评和种草类型

改变前后、干货教程（引起评论）类标题点击率非常高，如美食探店、攻略型和化妆品亲测等，如图 9-62 所示。

10. 热搜词

搜索某"关键词"下拉菜单就会有很多热搜词，如图 9-63 所示。

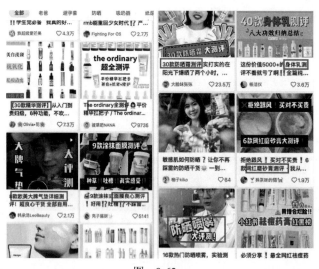

图 9-62　　　　　　　　　　图 9-63

11. 衍生关键词

例如，搜索关键词"养生"，下拉菜单中有许多衍生关键词，整合这些关键词，形成新的关键词放在标题中，如图 9-64 所示。

项目 9　新型内容电商平台账号运营

图　9-64

12. 解密、秘密类

用户特别容易被秘密、揭秘和解密类吸引，这类标题的点击率效果明显，如图 9-65 所示。

图　9-65

三、5 种写法让标题更有吸引力

1. 多用符号，加强语气

适当加入语气符号或语气助词，用得比较多的是感叹号，表惊叹，如"天呐！！这是什么神仙色号！！！"看似比较浮夸，但却很容易在信息流中吸引眼球；适当加入 icon

249

符号，看起来更加活泼醒目。与此同时，热门博主还喜欢使用各种五颜六色的表情符号、Emoji符号等。小红书平台中女生比较喜欢夸张性的情感，以及丰富的颜色，如图9-66所示。

图 9-66

2. 重要的关键词加符号【】

用【】加强重要性，是小红书标题中常用的符号，如【零基础学英语】【小学数学】【暑期特惠】和【雪梨孕期囤货】，如图9-67所示。

图 9-67

3. 蹭热度

蹭当下最热的点，如××明星同款、××电视剧同款等，如图9-68所示。

项目9 新型内容电商平台账号运营

图 9-68

4. 引起好奇

标题要能引起阅读者的好奇，如图 9-69 所示。

5. 疑问句式

多用疑问句、反问句、感叹句，如图 9-70 所示。

图 9-69　　　　　　　　　图 9-70

四、标题撰写误区

1. 没写标题

在没写标题的情况下，系统会自动抓取正文的前 20 个字做标题，虽然系统也会分析正文的内容，但权重远远不如专门的标题。

2. 直接照搬其他热门文章的标题

小红书有内容原创度的审核机制，照搬标题会触发惩罚机制，降低推荐权重。

3. 用过多的"大词"或者重复的词

标题不仅是给系统看的，更是给用户看的，既要满足站内 SEO 的收录，也要让人能看懂并且有打开的欲望。

4. 选取和自己品类无关的热词

为了蹭热度而使用与自己品类无关的热词，标题搭配牵强生硬，有时确实能引来一些流量，但多是不精准的人群，点击率较低。

1. 小红书的标题风格是和微博有所区分的，小红书的标题更口语化、接地气。要想在某平台做得得心应手，就必须熟悉该平台的风格和套路。撰写标题的最高境界是塑造出独特的调性。模仿的时候，切记不要忘了自己的风格和定位。

2. 标题是留给用户的第一印象。小红书的标题和正文要多出现关键词，这样才容易被系统抓取并推荐。

知识训练 >>

1. 小红书的标题字数限定为（　　）个字，说明它进入了中级流量池。[单选]
　A. 30　　　　　　B. 25　　　　　　C. 30　　　　　　D. 不限字数

2. 小红书标题中允许出现空格。（　　）[判断]

3. 要在小红书平台发布一篇笔记，第一步应该（　　）。[单选]
　A. 确定首图　　　B. 与粉丝互动　　C. 撰写内容　　　D. 确定标题

4. 下面哪个词不允许出现在小红书的标题中？（　　）。[单选]
　A. 廉价版　　　　B. 同款　　　　　C. 高仿　　　　　D. 性价比最高

5. 小红书标题在突出主题时，一定要抓住热门关键词。标题中的关键词是不是越多越好？为什么？

技能训练

"撰写标题"技能训练表,见表9-3。

表 9-3

学生姓名		学 号		所属班级	
课程名称			实训地点		
实训项目名称	撰写标题		实训时间		
实训目的: 熟练掌握小红书笔记标题的撰写技巧。					
实训要求: 在小红书平台上找到三篇爆款笔记,分析它们的标题撰写技巧。					
实训截图过程:					
实训体会与总结:					
成绩评定(百分制)			指导老师签名		

二维码扫一扫,下载实训表格。

任务 9-4 撰写正文

很久很久以前,有一种方便面需要上市,于是开了会,主题是介绍产品的信息,让宣

传工作者了解产品特点,以便宣传。

A君:新添加的小咸菜咸香有嚼劲,让你感受到如婴儿啃脚趾的感觉;丰满多汁的猪肉吃起来脆脆的,就如同雨天刚穿回家的高级皮靴;面条细腻有嚼劲,和貂毛一个感觉!

B君:新添加的小咸菜是夏天阳光晒制而成;丰满多汁的猪肉吃起来脆脆的,口感如同冰淇淋,口味却是咸香的;面条细腻有嚼劲,虽然是面,但是口感远胜粉丝!

你如何看待A君和B君的宣传文案内容?

知识目标:

1. 了解小红书笔记的首图类型。
2. 了解小红书笔记的写作原则。

技能目标:

1. 掌握小红书笔记的撰写技巧。
2. 掌握小红书笔记的发布流程。

思政目标:

1. 弘扬正能量,坚持输出优质的内容。
2. 能够学以致用,积极实践。

2学时。

操作步骤

步骤1 登录小红书平台,如图9-71所示。

步骤2 点击"+",选择发布类型,"相册"最多可选9张图片,最好提前准备好同样规格的图片;也可选一段或几段视频发布,或者在线编辑后发布。不建议选择"拍视频"和"拍照",因为没有经过准备和处理的图片及视频效果可能不好。点击"下一步"按钮,如图9-72所示。

图 9-71

图 9-72

步骤3 在图片编辑界面中,对图片进行美化修饰,点击"下一步"按钮,如图9-73所示。

步骤4 填写标题和正文内容,还可以参与话题,增加曝光度,点击"发布笔记"即可完成操作,如图9-74所示。

图 9-73

图 9-74

相关知识

一、高点击首图的类型

首图即笔记的封面图,它是用户点击内容查看的关键,优质的首图能带来优质的引流效果。在小红书 APP 上,聚集了庞大的年轻女性用户群体,这就决定了其原生图片的一个公认要点:好看,吸睛,多元化且充满设计感。

从推广的角度来讲,首图制作有一个要点,即要直接反映笔记内容,减少用户的思考和反应成本。目前,点击率较高的首图一般具备如下几类特点。

1. 对比类型

例如,在护肤前后对比的图片上画上虚线、写上文字,冲击力非常强,很容易吸引用户去点击,如图 9-75 所示。

2. 图片中加入文字

图片中加入适量的文字,体现产品的卖点,如图 9-76 所示。

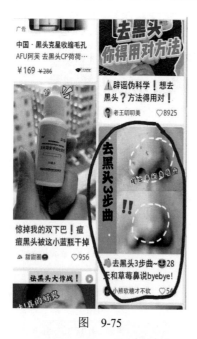

图 9-75

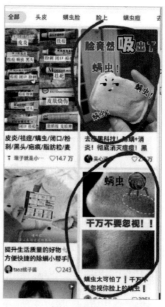

图 9-76

3. 攻略型步骤图

图片中带有清晰的产品使用步骤,直接帮助消费者解决问题,并在图片中给出具体的方案,如图 9-77 所示。

4. 拼图加文字

适合做食谱、穿搭类的笔记，如图 9-78 所示。

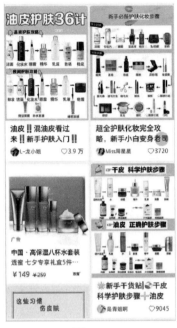

图 9-77

图 9-78

二、笔记撰写的原则

小红书笔记的大部分流量来源于小红书的系统推送，是按照众所周知的兴趣推送算法向用户推送对方感兴趣的内容。在一篇笔记发出的前期，小红书会根据文章内容初步匹配对应的人群，先推送给 50 个用户查看文章。如果在这 50 个用户当中，大部分用户对这篇文章反馈良好，即收藏、点赞、评论等一系列数据都很好，系统才会继续推荐给更多的用户阅读。按照这种理解方式，撰写小红书笔记要遵从以下原则。

1. 清晰的关键词

对于一篇小红书文案来说，关键词很重要，符合商家推送产品的行业关键词、品牌词是一篇文案的必需品。同时，热点词能给笔记带来大流量，所以一定要有清晰的关键词定位。在标题、正文中都要体现关键词，这样才能被平台抓取展现在用户面前。

2. 选择展现方式

小红书目前是图文或者短视频的形式，依据产品选择对应的展现方式很重要，详细经验和技术类笔记用图文更容易被收藏，视频的流量和曝光量更大，商家要根据自己的需求作出选择。

3. 符合小红书平台属性

小红书存在收录的概念，不是发任何笔记都是可以的，如果不符合小红书的属性，图片质量较差、内容偏负能量，小红书会拒绝收录。

4. 良好的用户体验

写文章重要的就是用户体验，文章过于专业，用户看不懂，文章过于简单，用户觉得没价值。所以，要从用户的视觉体验、阅读体验、理解体验等考虑用户体验。良好的排版能帮助客户更好地理解文章，能收获更多的流量。视觉体验需要一个精心且生活化的图片，更能拉进与客户之间的距离，给客户更好的视觉体验。总之，用户体验至关重要。

三、笔记正文格式要点

以"瘦身减肥"为例，如图 9-79 所示，完整的演绎笔记正文如何撰写，其要点如下。

（1）标题中要有关键词，要和话题和内容相关，如瘦身、减肥。

（2）一定要从自身体验过、用过的角度分享。

（3）之前没有使用这个产品是怎么样的，现在使用后的效果如何。把感受和体会分享出来，让阅读者看完之后也希望达到这样的效果。

（4）把笔记中的方法步骤、攻略步骤、测评步骤，以一个周期的形式表达出来，还要明确每个阶段要注意什么？有量化的分阶段效果表达。

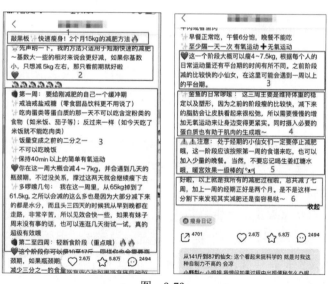

图 9-79

（5）以上内容全部整理之后，通过总结这个时间段带来的总体效果、达到什么程度，通过图文量化的形式表达出来。

（6）写自己的日常想法，如你是怎么知道这个方法的，你是怎么做到的。

（7）不要出现避讳的建议和意见，不要出现一些专业知识等。

（8）结尾的综合评价中，说明"你"是通过这个过程达到的这种效果。

（9）末尾可以 @ 薯队长 @ 美妆薯 @ 美妆情报等，你可以 @ 一些阅读量比较大的账号，如图 9-80 所示。

（10）写完会有一个话题 #，话题要和你的笔记内容相关，不能为了话题而话题。

图 9-80

1. 笔记的字数控制在 800 字以内，简洁精练、段落清晰，不要太刻意地去做文案上的优化，以真实、自然为主。还要有各种表情符号，这样更加贴合小红书的社区氛围。

2. 正文中一定要添加与账号主题相关且有热度的话题，并且要多 @ 达人或者官方号，一方面增加曝光，另一方面提高互动，这和微博运营是一个道理。

3. 关键词一定要跟内容相关，以保证关键词的适应度。

4. 小红书作为一个内容型平台，一般按照用户的阅读习惯来确定常规内容的推送时间，小红书的内容偏休闲娱乐，推送时间应尽量避开上班时段。

知识训练

1. 小红书用户想要晋升为金冠薯，需要累计发布（　　）篇普通笔记。[单选]
A. 18　　　　　　　B. 200　　　　　　　C. 800　　　　　　　D. 70

2. 小红书笔记要遵从的原则有（　　）。[多选]
A. 关键词　　　　　　　　　　　B. 展现方式
C. 符合小红书平台属性　　　　　D. 用户体验

3. 小红书笔记被限流的原因有哪些？

4. 怎么用小红书笔记做品牌推广曝光？

5. 小红书测评类、种草类和教程类笔记，它们在写作上有什么区别？

技能训练

"撰写正文"技能训练表,见表 9-4。

表 9-4

学生姓名		学　　号		所属班级	
课程名称				实训地点	
实训项目名称		撰写正文		实训时间	
实训目的: 熟练掌握小红书笔记的撰写技巧。					
实训要求: 1. 在小红书平台上发布一篇关于穿搭种草类笔记。 2. 统计该笔记一周内的点赞量、评论量以及转发量。					
实训截图过程:					
实训体会与总结:					
成绩评定(百分制)			指导老师签名		

二维码扫一扫,下载实训表格。

任务 9-5　吸引粉丝

2020 年 4 月,城外圈策划某化妆品牌在小红书上推出新品首发活动,不仅一万份新品在 9min 内售罄,品牌新上线的系列产品也吸引了大量用户的关注。某母婴品牌在情人节也通过#宝宝爱上小红书#活动吸引用户参与,并通过小红书优惠码推动、触发场景式的实时消费。活动期间,小红书为母婴品牌旗舰店引流 173 万 UV,其中 37 万张小红书优惠券被使用,成为引流推广的经典案例。

项目 9　新型内容电商平台账号运营

知识目标：
1. 了解小红书平台的排名机制。
2. 了解小红书平台排名机制中存在的问题。

技能目标：
1. 掌握如何设置账号及养号操作。
2. 熟练掌握小红书平台引流的方法。

思政目标：
1. 遵循平台规则，传播积极向上的正能量。
2. 树立正确的价值观，具备实事求是的精神。

2 学时。

步骤1　登录小红书平台，如图 9-81 所示。

步骤2　进入小红书 APP "个人资料"界面，以个人 IP 的角度填写资料，使用经过修饰的真人头像，个性昵称改为"名字＋行业属性"（如美眉爱穿搭），如图 9-82 所示。

图　9-81

图　9-82

步骤3 小红书号设置成要引流的微信号，如图 9-83 所示。

步骤4 设置"个性签名"，在不违反社区规范的前提下，引导互动如图 9-84 所示。

图 9-83

图 9-84

步骤5 点击消息，阅读系统推荐的笔记，如图 9-85 所示。

步骤6 搜索相关领域 5 篇笔记进行阅读，如图 9-86 所示。

图 9-85

图 9-86

步骤7 对其中三篇进行点赞和收藏，对其中两篇进行评论，如图 9-87 所示。

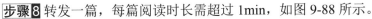

步骤8 转发一篇,每篇阅读时长需超过 1min,如图 9-88 所示。

图 9-87

图 9-88

一、排名机制

1. 严格的文章审核机制

以"美白"为例,如图 9-89 所示,当搜索这个关键词的时候,有"综合""最热""最新"三个维度,小红书如何把"美白"的所有"美白"笔记进行排序?它的排名机制到底是什么?

(1)排名机制——公平展示。无论大 V 号、小白号,只要笔记符合平台规则,平台会均衡地配给流量。每位作者都想把笔记匹配在"综合"里,在这里笔记的曝光率高,如图 9-90 所示。

这个过程可能会出现"延迟",如发布一篇新笔记,它的阅读量、点赞数、评论数上升速度很快,却没有被立刻匹配排在"综合"中。这是平台为了保持公平性,系统有"延迟"缓冲,经检测后符合要求,这篇优质笔记就会被收录在"综合"里。

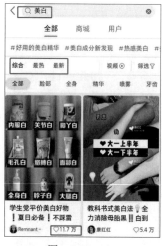

图 9-89

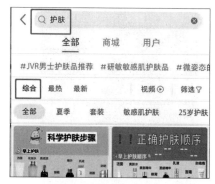

图 9-90

（2）排名机制——监测机制。点击"最新"，每位作者发的笔记一定会有重复、不符合规则、刷数据等问题，要从中挑选，就需要设置一个监测机制。监测什么？重点还是点赞数、评论、高质笔记、是否人为操作？经过监测机制筛选后，把真正优质的笔记展现给用户，才能排在"综合"里，如图 9-91 所示。

（3）排名机制——检测机制。通过监测机制之后，笔记可能会有较好的排名，但不能保证笔记没有问题，要确认有无引导、私聊、发链接、引导到其他平台等问题，需要再经过一次筛选，如图 9-92 所示。笔记有热度、点赞多就很容易获取排名。

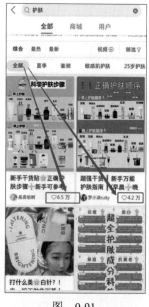

图 9-91

图 9-92

如果笔记违规达到一定的数量，小红书会全面限制该品牌相关内容的曝光，情节严重的还会被封号等。

2. 原创度高的内容能获得更多的推荐

在这个消费升级的时代,"小红书"是由精致生活人群搭建的优质生活社区,对追求优质生活的人们来说具有极强的吸引力。同时,小红书对笔记内容进行管理,以干货满满的真实用户笔记吸引受众,以真情实感触动用户共鸣,全面提高用户的黏性和活跃度。

3. 粉丝转化率高

小红书邀请各路明星、网红入驻,吸引庞大的粉丝群体,增加用户量,提高品牌声量。

2017年,蒋勤勤、林允等知名明星入驻小红书,其平民化装束打造的亲近感吸引了众多的粉丝使用小红书。2018年,伴随着"偶像练习生""创造101"等选秀综艺的大火,小红书再次在互联网上掀起一波话题营销,"为心爱的小哥哥、小姐姐疯狂打CALL""你的小哥哥、小姐姐在小红书等你哦"……小红书成功地借助明星的知名度打开了市场,助力品牌年轻化。

二、排名机制存在的问题

经过三种机制筛选的笔记,还是会出现一些问题,有的笔记还会被限制流量,可能出现的问题如下。

1. 违反社区规范

不能在个人信息、评价、笔记、专辑、私信中发布垃圾广告或其他不当信息。不能违反:①广告信息,包括但不限于以推广、销售、营利为目的,发布影响用户体验的内容。②发布含广告销售意图的文字,如"可代购""找我购买""转卖""拼单"等。③发布含具体广告销售方式或不合规的联系方式,如个人手机号、闲鱼号、QQ、淘宝店铺、淘口令、微信、微店、购买链接等。④发布含广告销售的图片,如图片中含有二维码、购买方式水印。⑤发布包含欺骗性的恶意营销内容,如通过伪造经历、冒充他人等方式进行恶意营销。多个账号互相配合发布包含垃圾广告的内容。⑥兜售或贩卖各类法律法规禁止和限制的流通物,如枪支或非法药品(即使所在地区合法)。

2. 评论回复不符合要求

评论中不能出现私我、私信等字眼,不能含有其他渠道链接,如淘宝、天猫等外站购买链接。评论有要求,重复回答也会判定为问题笔记,如图9-93所示。

3. 盲目刷热度

数据比例协调要正常,真实的号在不同的时间段有不同的比例,不能盲目地为账号人为刷流量。

4. 0点赞收藏上排名

小红书系统会随机为消费者推荐文章,一篇文章可能今天的浏览量高,明天的不高,这就是随机机制。"0 点赞 0 收藏"也能上排名就是这个原因，如图 9-94 所示。

图 9-93

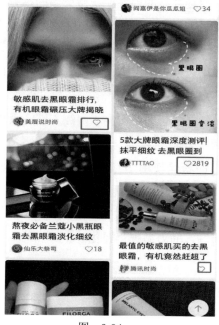

图 9-94

三、常见的账号引流方法

对于小红书平台规定的高红线，很多人会犯愁，既不能放外链，又不能出现任何敏感话语，就连评论里说几句包含广告意味的话都会被系统删掉，我们该如何做引流呢？

1. 内容引流

发布的内容一定要有价值才能吸引用户，结合热门类目涨粉或推广效果明显，热门类目如图 9-95 所示。

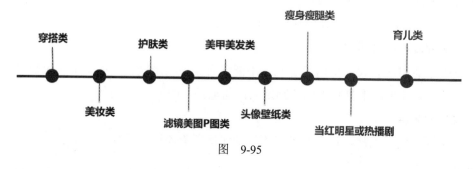

图 9-95

2. 图片位置引流

图片上可以出现一些吸引流量的话语，使得内容显眼，以加强效果。

3. 评论引流

评论引流是个很巧妙的方式，多关注一些粉丝量高的账号，多进一些互赞的群，互相分享，增加曝光量，通过用户的评论吸引到运营的账号。

四、养号技巧

养号操作比较简单，简单来讲就是看你的行为是否属于一个正常的用户，根据用户平时的点赞、评论、转发、关注等行为来判定账号的权重。权重代表账号在小红书平台的位置，权重越高，小红书就会给更多的推荐量。流量越多，意味着会有更多的人看到笔记，品牌从而就会得到进一步的推广。一般情况下，操作方法如下。

（1）看。每个号每天真实阅读系统推荐笔记两篇，每篇阅读时长需超过1min。

（2）搜。搜索和运营账号相关的人群，如护肤领域相关笔记5篇进行阅读。

（3）评。对其中3篇进行点赞和收藏，对其中两篇进行评论，评论时需要真实的感受。

（4）转。转发1篇，每篇阅读时长需超过1min。

1. 使用流量下载小红书APP，一个手机号注册一个小红书号，不要开WiFi。一人可操作6个号，5个人建立30个小红书号矩阵。

2. 账号等级越高，权重也就越高，在"我的页面"有一个"解锁等级"标识，按照"薯"来分等级，最低是尿布薯，最高是金冠薯，想要提高等级，只能做每个等级相应的任务。

3. 账号越活跃，互动越多，代表用户越喜欢，我们可以在自己的文章下留言、回复，内容带上相应的关键词，活跃度高，互动多了，权重也会提高。

> 知识训练

1. 一个手机号码能注册（　　）个小红书账号。[单选]

A. 1　　　　　　B. 2　　　　　　C. 3　　　　　　D. 无数

2. 寻找精准粉丝的方法有（　　）。[多选]

A. 关键词搜索　　B. 相关账户的粉丝　　C. 微群　　D. 关键词自动回复

3. 运营人员可以随意为小红书账号刷流量。（　　）[判断]

4. 小红书评论区可以直接发自己的联系方式。(　　)[判断]

5. 小红书的推荐机制和淘宝的推荐机制有什么区别？

6. 如何提升小红书账号的权重？

技能训练

"吸引粉丝"技能训练表，见表9-5。

表 9-5

学生姓名		学　号		所属班级	
课程名称			实训地点		
实训项目名称	吸引粉丝		实训时间		
实训目的： 熟练掌握小红书账号引流方式。					
实训要求： 1. 登录小红书平台，修改、完善小红书账号。 2. 完成小红书的养号操作。					
实训截图过程：					
实训体会与总结：					
成绩评定（百分制）			指导老师签名		

二维码扫一扫，下载实训表格。

参考文献

[1] 王权. 传统媒体与新媒体融合发展探究 [N]. 山西经济日报，2019-12-31（7）.

[2] 李晨. 浅谈新媒体给传统媒体带来的改变 [J]. 视听，2017（7）.

[3] 丁毓. 拼多多，弯道超车的社交电商 [J]. 上海信息化，2018（3）.

[4] 曹钰青. 浅析社交电商"拼多多"的商业模式 [J]. 中小企业管理与科技，2019（12）.

[5] 王广珑. 淘宝网店运营发展的推广方式 [J]. 电子商务，2016（4）.

[6] 林敏晖. 淘宝网店运营的推广手段和运营攻略探究 [J]. 中外企业家，2019（36）.

[7] 刘诗琪. 电商营销发展趋势化研究——以抖音、小红书等"即时满足"平台为例 [J]. 市场周刊，2019（5）.

[8] 小兵. "抖音""小红书"走红，电商营销走向何方？[J]. 中国化妆品，2019（1）.

[9] 许定洁. 基于"内容电商"的传统电商平台创新生态体系构建研究 [J]. 商业经济研究，2017（11）.

[10] 邓倩. 内容电商与传统电商的比较研究 [J]. 财会学习，2019（31）.

[11] 江礼坤. 网络营销推广实战宝典 [M]. 第2版. 北京：电子工业出版社，2016.

[12] 谭贤. 新网络营销推广实战从入门到精通 [M]. 北京：电子工业出版社，2015.